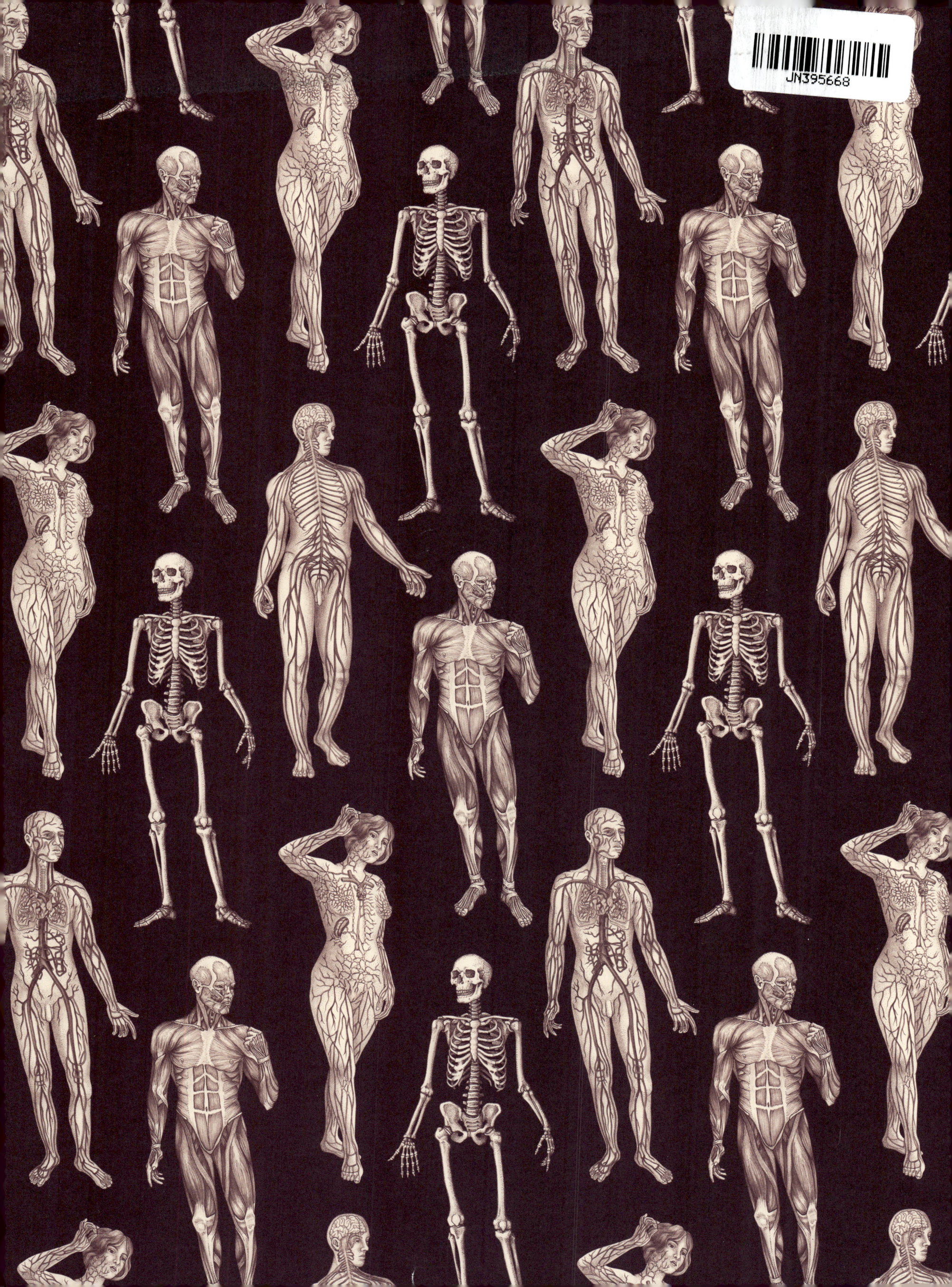

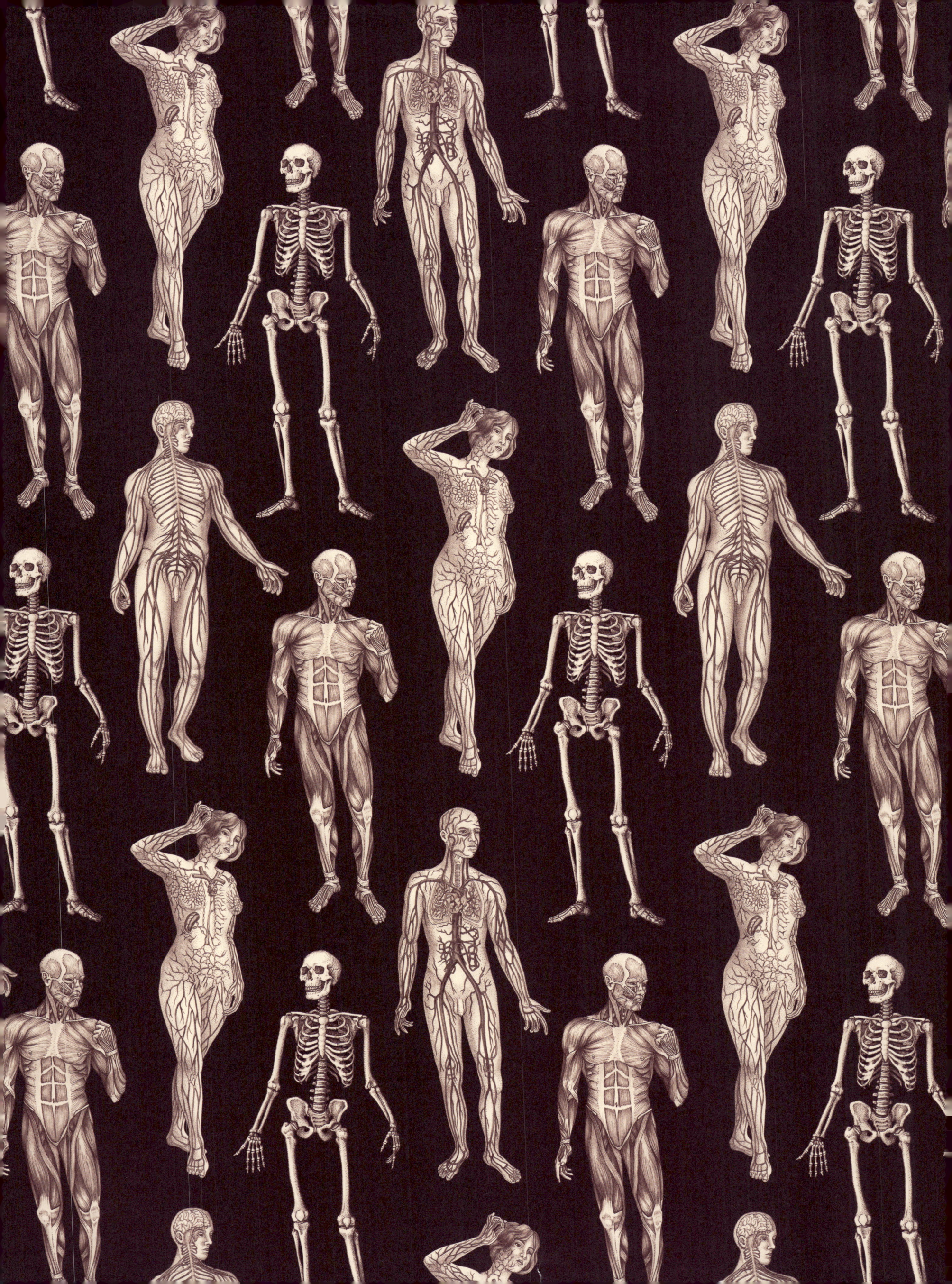

인체 박물관

부모님께 – *K.W.*
한나에게 – *J.P.*

ANATOMICUM
by Jennifer Z Paxton and illustrated by Katy Wiedemann

Text copyright © 2019 by Jennifer Z Paxton
Illustration copyright © 2019 by Katy Wiedemann
Design copyright © 2019 by Big Picture Press
All rights reserved.

First published in the United Kingdom in 2019 by Big Picture Press, an imprint of
Bonnier Books UK, The Plaza, 535 King's Road, London, SW10 0SZ
www.templarco.co.uk/big-picture-press
www.bonnierbooks.co.uk
Original edition published in English under the title of: Anatomicum

Edited by Ruth Symons
Designed by Kieran Hood
Production Controller: Neil Randles

Korean Translation Copyright © 2020 by BIR Publishing Co., Ltd.
This Korean translation edition is published by arrangement with Big Picture Press,
an imprint of BONNIER BOOKS UK Ltd.

이 책의 한국어판 저작권은 저작권사와 독점 계약한 (주)비룡소에 있습니다.
저작권법에 의해 한국 내에서 보호를 받는 저작물이므로 무단 전재와 무단 복제를 금합니다.

내 책상 위 자연사 박물관 | 전 연령 입장

인체 박물관

케이티 위더먼 그림 · 제니퍼 Z 팩스턴 글 | 이한음 옮김

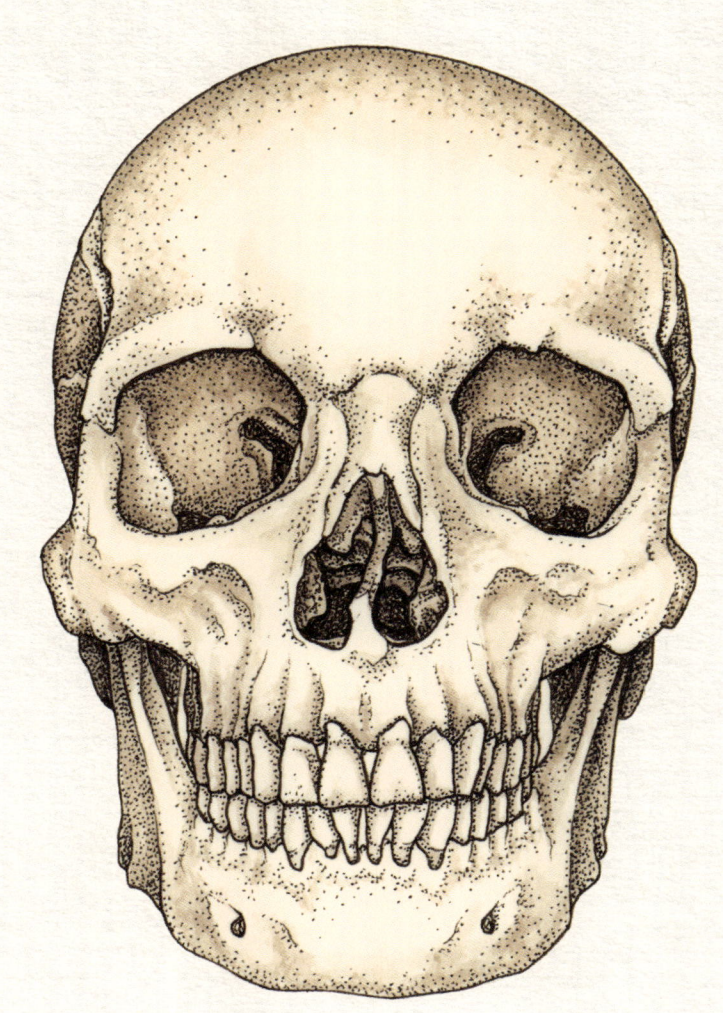

비룡소

인체 박물관

들어가는 말

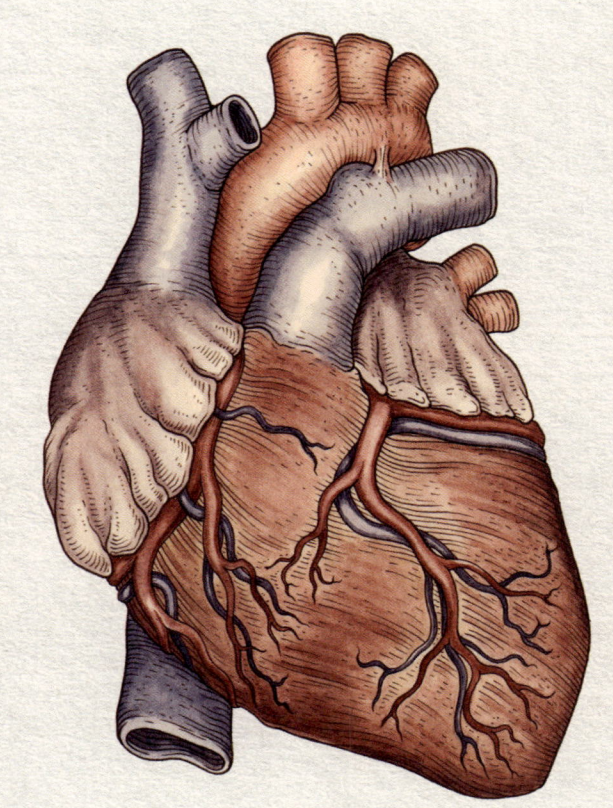

인체 박물관

우리 피부 밑에는 놀랍기 그지없는 인체의 세계가 숨겨져 있습니다. 인간의 몸은 수많은 부품으로 이루어진 살아 있는 기계라고 할 수 있지요. 그리고 인체를 이루는 모든 부품들이 조화롭게 협력하여 우리를 살아 움직이게 한답니다.

오랜 세월 동안 사람들은 우리 몸이 정확히 어떻게 움직이는지 알고 싶어 했어요. 많은 노력 끝에 인체 구조를 연구하는 학문인 해부학이 탄생했어요. 해부학은 모든 의학의 토대이지요.

해부학(anatomy)을 의미하는 영어 단어는 '자르다'라는 뜻의 고대 그리스어 아나토메(anatome)에서 유래했어요. 인류의 문자 기록이 시작될 때부터 해부학에 관한 기록도 찾아볼 수 있어요. 기원전 1600년의 기록도 있지요. 어떤 나라에서는 시신이라도 인체 해부를 금지하기도 했어요. 그래서 의사들은 의학을 가르칠 때 동물의 시체를 해부해야 했지요. 그러다 보니 인체 구조를 잘못 이해하기도 했어요. 유럽에서는 수백 년 전까지도 그랬지요. 레오나르도 다빈치나 안드레아스 베살리우스 같은 과학자들이 인체를 해부하여 상세히 해부도를 그리면서 제대로 이해하기 시작했어요. 오늘날에도 해부는 과학자와 의사가 인체를 연구할 때 중요한 역할을 해요. 지금은 엄격한 법적 절차를 거쳐서 개인이 죽은 뒤에 과학을 위해 기증하겠다고 한 시신을 해부해요.

초기에 해부학과 의학은 윤리적이거나 종교적인 이유로 발전에 방해를 받았어요. 발전을 가로막는 장애물들은 더 있었지요. 1590년대에 현미경이 발명되기 전까지, 인류는 세균 같은 미생물이 있는지조차 몰랐어요. 그래서 의사들은 '미아스마(miasma)'라는 나쁜 공기가 병을 일으킨다고 믿었어요. 때문에 지금이라면 쉽게 치료할 수 있는 질병들에 많은 사람들이 안타깝게도 목숨을 잃었지요.

오늘날, 해부학은 새롭게 활기를 띠고 있어요. 영상 기술이 발전한 덕분에 이제는 몸속을 훨씬 더 자세히 볼 수 있어요. 또 의사들이 환자를 위한 새 치료법을 찾아내는 데 도움을 줄 새 조직과 기관을 만드는 조직 공학 같은 분야들도 발전하고 있어요. 해마다 놀라운 연구 결과가 나오고 있고, 새로운 치료제가 개발되고, 우리 지식도 빠르게 늘고 있지요. 이 모든 발전의 밑바탕에는 해부학이, 즉 놀라운 인체를 연구하는 학문이 놓여 있어요.

제니퍼 Z 팩스턴 박사
에든버러 대학교

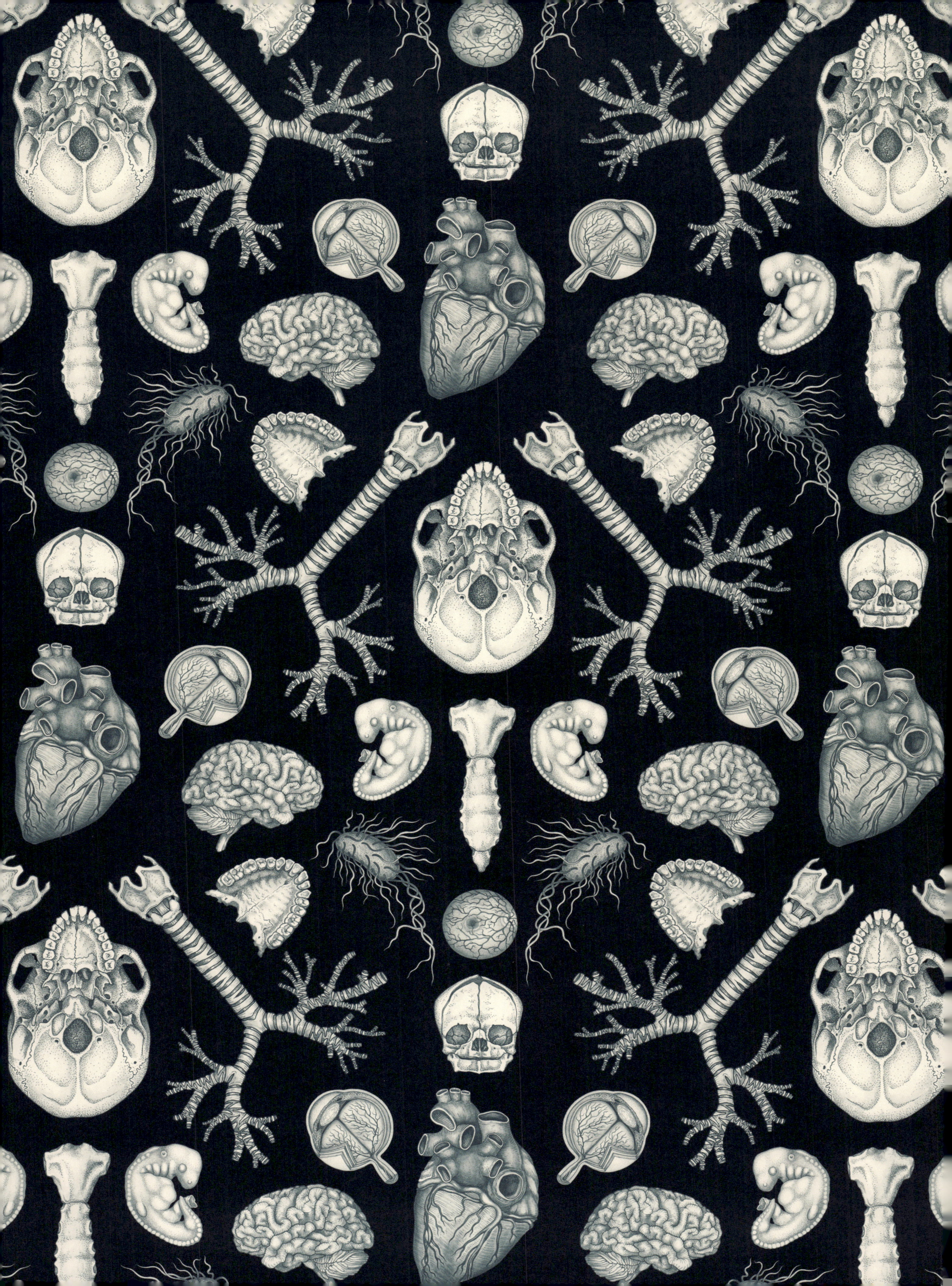

1
입구
인체 박물관에 어서 오세요! · 1
몸의 구성단위 · 2

7
1 전시실
근골격계
골격계 · 8 | 뼈 · 10 | 머리뼈 · 12 | 관절 · 14
연결 조직 · 16 | 근육계 · 18 | 근육 조직 · 20
근육: 손 · 22 | 근육: 얼굴 표정 · 24

27
2 전시실
심혈관계와 호흡계
심혈관계와 호흡계 · 28 | 심장 · 30
피 · 32 | 숨길 · 34
허파 · 36

39
3 전시실
소화계와 비뇨계
소화계 · 40 | 입과 목 · 42 | 이 · 44
위장 · 46 | 창자 · 48 | 간 · 50
이자와 쓸개 · 52 | 비뇨계 · 54 | 콩팥 · 56

59
4 전시실
신경계와 감각 기관
신경계 · 60 | 중추신경계 · 62 | 말초신경계 · 64
눈 · 66 | 귀 · 68 | 코와 혀 · 70
피부 · 72

75
5 전시실
면역계와 림프계
면역계와 림프계 · 76
질병과 방어 · 78

81
6 전시실
내분비계와 생식계
내분비계 · 82 | 사춘기 · 84
남성 생식계 · 86
여성 생식계 · 88
아기의 발달 · 90

93
자료실
찾아보기 · 94
인체 박물관의 큐레이터들 · 96

인체 박물관

입구

인체 박물관에
어서 오세요!

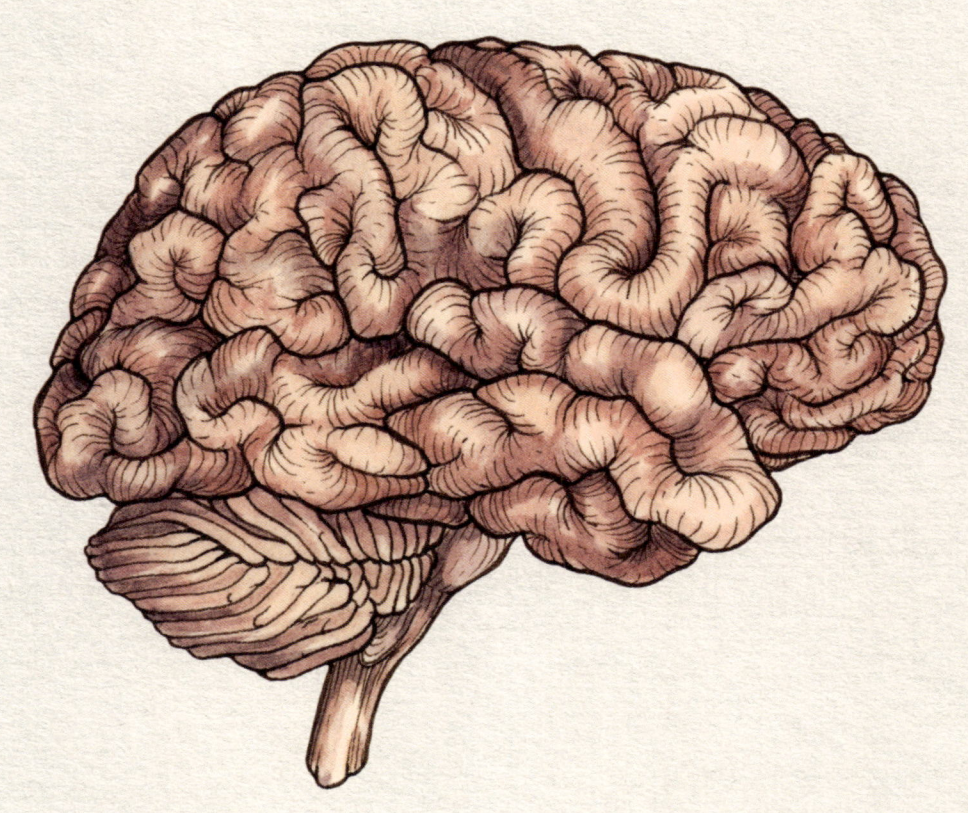

누구나 한번쯤 자기 몸속이 어떻게 생겼을까 궁금했던 적이 있을 거예요. 만약에 안으로 들어가서 볼 수 있다면 무엇이 어떻게 보일까요? 심장이 쿵쿵 뛰는 모습이라든지 피부 세포가 자라는 모습을 지켜보고, 어떤 생각이 뇌의 어느 부위에서 생겨나는지를 알아볼 수 있다고 상상해 봐요. 이곳 인체 박물관에서는 바로 그런 상상의 세계가 눈앞에 펼쳐져요.

하루 24시간, 일주일 내내 관람할 수 있는 이 별난 박물관은 세상 어디에도 없는 독특한 곳이에요. 들르는 전시실마다 인체의 각 부위가 놀라울 만치 상세하면서 생생하게 눈앞에 펼쳐질 거예요.

각 전시실에는 몸의 주요 계통이 한 부분씩 전시되어 있어요. 근골격계 전시실에서는 우리가 움직이는 데 도움을 줄 조직들을 보게 될 것이고, 신경계 전시실에서는 뇌의 구조를 살펴볼 수 있어요. 또 피부 밑을 들여다보거나, 호흡하는 데 쓰이는 기관을 알아보거나, 음식물이 긴 창자를 지나가면서 소화되는 과정을 살펴보는 전시실도 있어요. 작은 세포 하나에서 아기가 발달하는 과정도, 어린이가 어른으로 성장하면서 몸이 어떻게 변하는지도 살펴볼 거예요.

이 박물관을 돌아다니면서, 자신의 몸이 끊임없이 어떤 일들을 하고 있는지를 생각해 보세요. 심장은 계속 피를 뿜어내고 있어요. 허파는 계속 공기를 마시고 내보내지요. 걸음을 옮기거나 서 있을 때에도 근육은 계속 일해야 해요. 눈이 전시물에 붙은 설명을 읽으면, 뇌는 놀라울 만치 빠른 속도로 그 새로운 정보를 처리해요. 우리 몸은 정말로 놀랍기 그지없답니다.

자, 그럼 인체 박물관으로 들어가서 발견의 여행을 시작해 볼까요? 우리 몸의 놀라운 비밀을 하나하나 알아보기로 해요!

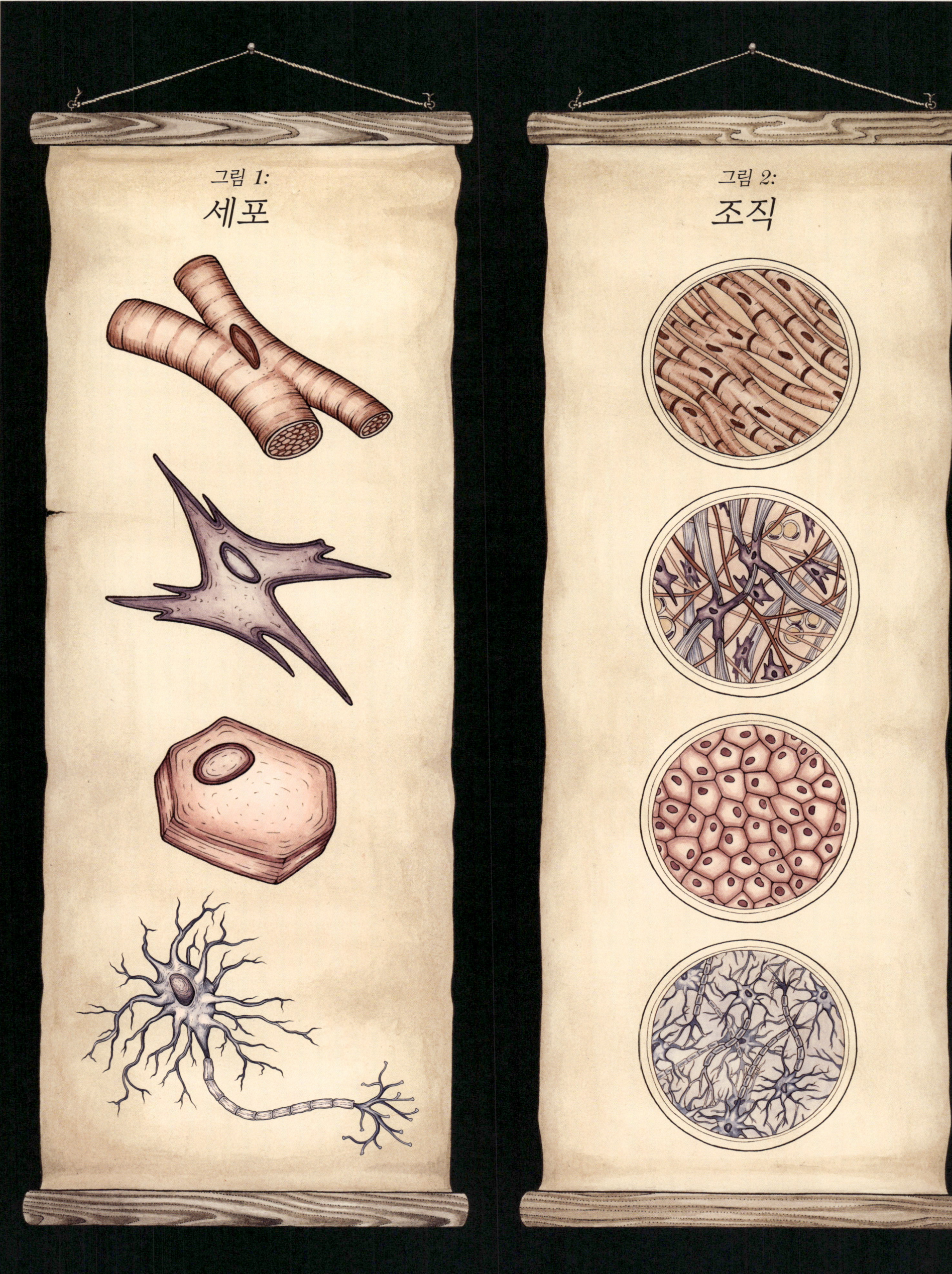

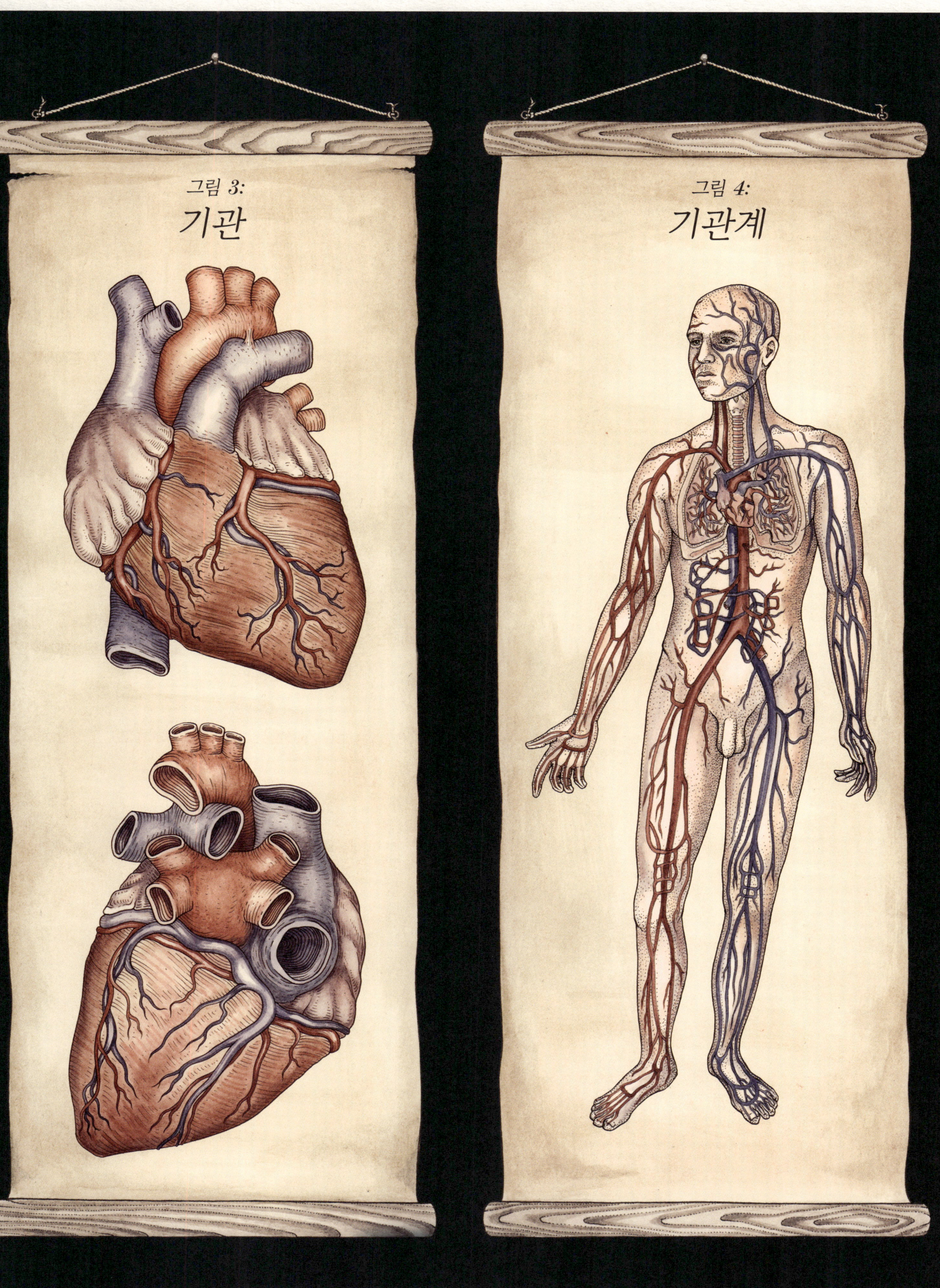

인체 박물관

몸의 구성단위

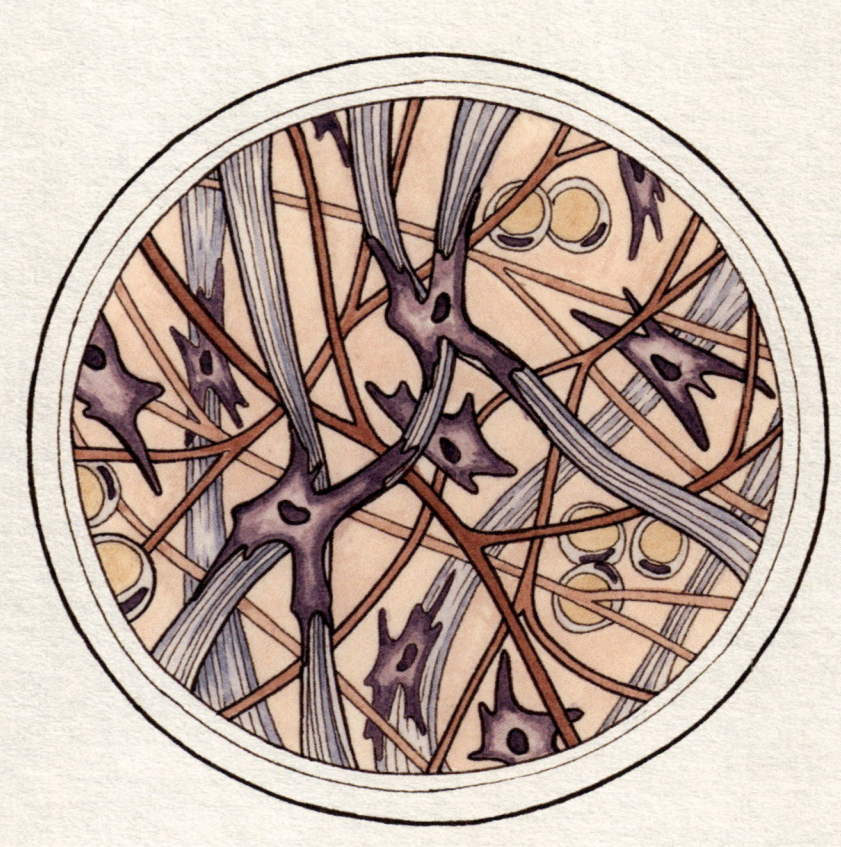

인체는 자세히 들여다보면 볼수록 아주 복잡하고 섬세하다. 기관, 조직, 혈관, 신경, 아주 작은 세포가 복잡하게 얽혀 있다. 해부학적으로 살펴보면, 인체는 가장 작은 단위부터 가장 큰 단위에 이르기까지 단순한 구조에서 시작하여 점점 복잡해지는 구조를 이룬다.

몸의 가장 작은 구성단위는 세포다. 인체에는 무려 38조 개의 세포가 들어 있으며, 각 세포는 저마다 맡은 일이 있다. 거의 모든 세포는 DNA(데옥시리보 핵산)을 지닌다. DNA는 우리의 특징을 결정하고 한 사람, 한 사람을 독특한 존재로 만드는 유전 정보를 담고 있다. 세포는 너무 작아서 맨눈에는 보이지 않으며, 현미경을 써야 볼 수 있다.

세포들은 모여서 조직을 이루며, 조직은 현미경이 없어도 보인다. 상피 조직은 기관과 혈관 등의 안쪽 표면과 피부의 바깥 표면을 덮고 있다. 근육 조직은 몸의 기계 장치와 비슷한 역할을 한다. 우리가 움직이도록 돕는 구조를 만든다. 신경 조직은 몸 전체의 의사소통에 중요하다. 다양한 신체 부위들을 중앙 통제소인 뇌와 연결한다. 마지막으로 연결 조직은 몸의 다양한 부위들을 이어 주고 지지하며, 하나로 결합시킨다.

그다음 단계에서 조직들은 서로 결합하여 기관을 만든다. 심장, 허파, 뇌, 콩팥 같은 저마다 이름과 기능이 정해진 신체 부위들이 기관이다.

마지막으로 기관들은 서로 연결되어 기관계, 계통(계)을 이룬다. 인체에는 11가지 계통이 있다. 골격계, 근육계, 소화계, 심혈관계, 호흡계, 비뇨계, 신경계, 피부계, 면역계, 생식계, 내분비계다. 호흡계는 숨을 쉬는 호흡을 맡고, 소화계는 음식물 소화를 맡는 식으로 각 계는 서로 관련이 있는 일을 하는 기관들로 이루어진다. 계들은 저마다 하는 일이 다르지만, 모두 조화를 이룬다. 그 덕분에 우리의 몸이 제대로 작동하고, 우리는 건강하게 살아갈 수 있다.

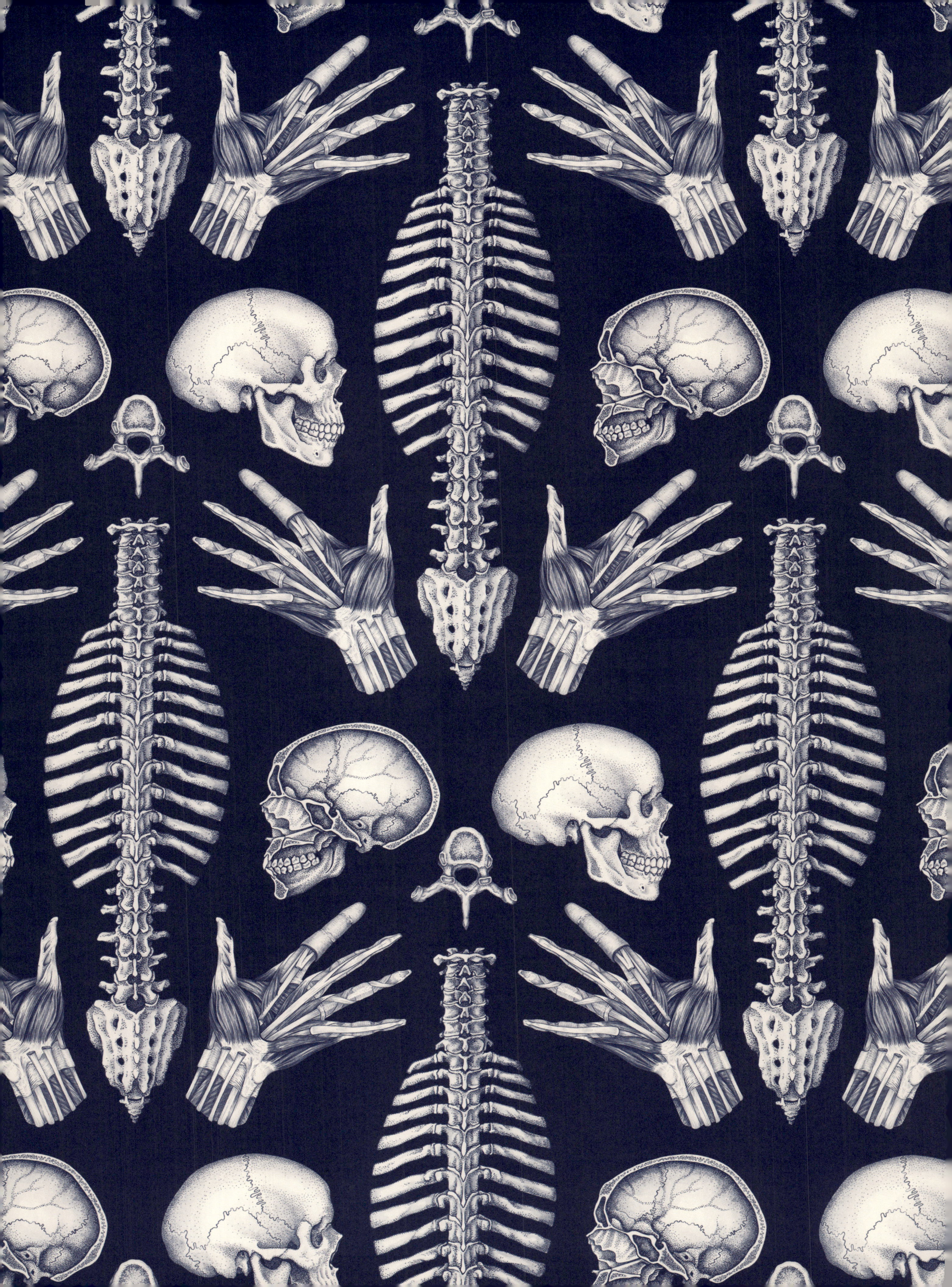

인체 박물관

1 전시실

근골격계

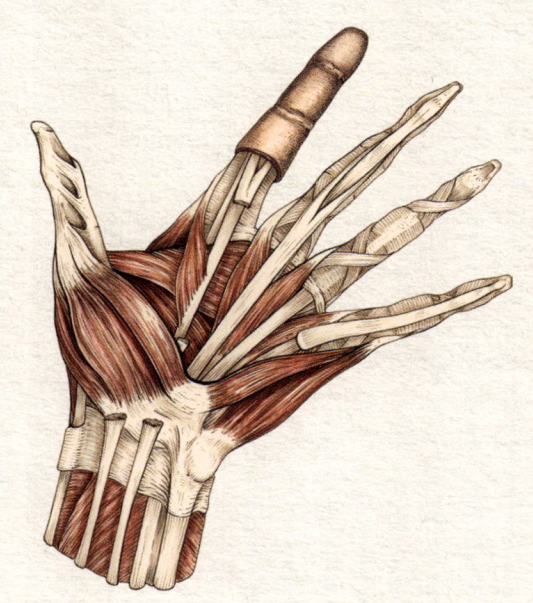

골격계

뼈

머리뼈

관절

연결 조직

근육계

근육 조직

근육: 손

근육: 얼굴 표정

근골격계

골격계

몸 전체의 기본 틀을 만드는 것은 뼈대(골격)다. 우리 몸의 뼈대는 튼튼하면서도 유연하다. 뼈대는 몸의 전체 모습을 만들고, 근육을 지지하고, 몸속의 부드러운 기관을 보호하고, 끊임없이 새 혈구를 만든다. 몸의 뼈대는 206개의 뼈로 이루어져 있다. 뼈들은 관절이라는 부위에서 연결된다. 관절 덕분에 뼈들은 서로 연결되어 뼈대의 모양을 유지하면서도 움직일 수 있다.

해부학자는 뼈대를 두 부분으로 나눈다. 첫째는 상체를 떠받치고 내장을 보호하는 몸통 뼈대, 둘째는 팔다리에 든 뼈와 골반으로 이루어지는 팔다리 뼈대다. 몸통 뼈대에는 머리와 몸통에 있는 모든 뼈들이 속한다. 뇌, 감각 기관(눈, 귀, 코), 심장과 허파를 보호하는 것이 주된 역할이다. 또 척주도 몸통 뼈대에 속한다. 척주는 척추뼈라는 33개의 뼈로 이루어진 등마루를 가리키며, 섬세한 척수를 감싸고 있다. 척추뼈는 위아래로 죽 이어지면서 살짝 굽어 있는 유연한 기둥을 이룬다. 이 기둥은 앞뒤, 좌우로 구부릴 수 있다. 척주의 맨 위에 있는 척추뼈(첫째목뼈)는 머리뼈와 연결되어 있다. 첫째목뼈는 고대 그리스 신화에 나오는 거인의 이름을 따서 아틀라스, 또는 고리뼈라고도 한다. 어깨로 하늘을 떠받치는 형벌을 받은 아틀라스처럼, 고리뼈도 머리뼈와 뇌의 무게를 떠받쳐야 한다.

팔의 뼈들, 즉 위팔, 아래팔, 손목, 손의 뼈들은 뼈대 중에서 가장 움직임의 폭이 넓고, 힘과 능숙한 움직임을 결합하여 바느질부터 야구공을 치는 것까지 다양한 활동을 할 수 있다. 반면에 다리의 뼈들, 즉 허벅지, 정강이, 발목, 발의 뼈들은 주로 서거나 걷거나 달릴 때 자세를 유지하고 몸무게를 떠받친다. 이때 몸에서 가장 길고 가장 튼튼한 뼈가 중심이 된다. 바로 넙다리뼈다.

―――――――――――――― 그림 설명 ――――――――――――――

1: 뼈대, 앞면
a) 머리뼈
b) 빗장뼈
c) 가슴뼈
d) 위팔뼈
e) 갈비뼈
f) 골반
g) 자뼈
h) 노뼈
i) 넙다리뼈

j) 무릎뼈
k) 정강뼈
l) 종아리뼈
m) 발목뼈
n) 발허리뼈
o) 발가락뼈

2: 뼈대, 뒷면
a) 고리뼈(첫째목뼈)
b) 중쇠뼈(둘째목뼈)

c) 척주
d) 어깨뼈
e) 손목뼈
f) 손허리뼈
g) 손가락뼈
h) 엉덩뼈
i) 엉치뼈
j) 꼬리뼈
k) 발꿈치뼈

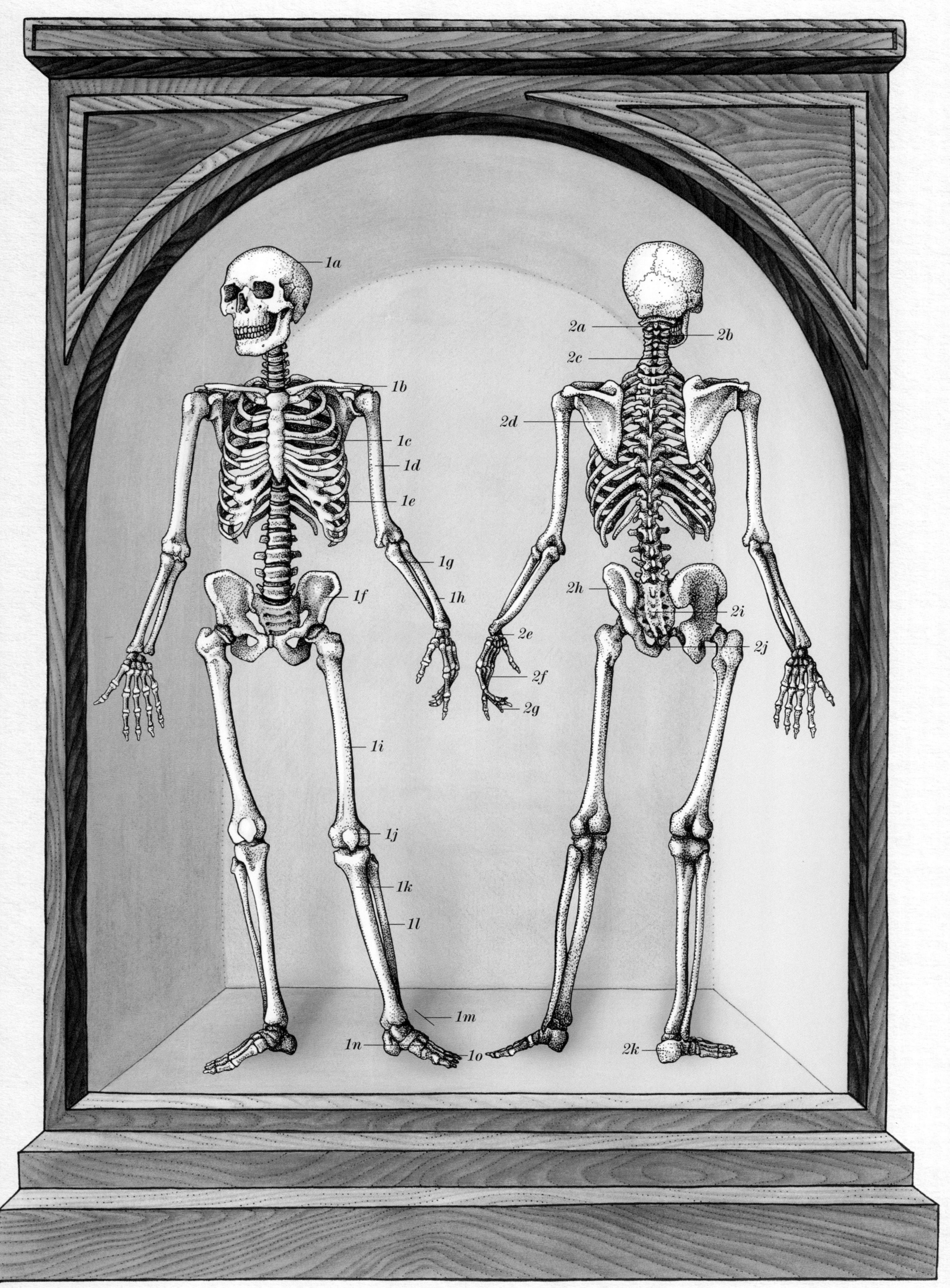

근골격계

뼈

뼈는 모양과 크기가 제각각이지만, 대체로 다섯 종류로 나눌 수 있다. 긴뼈, 짧은뼈, 납작뼈, 종자뼈, 불규칙뼈다. 팔이나 다리에 있는 뼈와 같은 긴뼈는 대개 몸무게를 받친다. 손목이나 발목에 있는 뼈와 같은 짧은뼈는 대개 입체형이며, 관절을 지탱한다. 머리뼈 같은 납작뼈는 얇고 휘어진 모양이며, 신체 기관을 보호한다. 종자뼈는 대개 작고 둥근 모양이며 관절에 많이 들어 있는데, 무릎뼈처럼 큰 것도 있다. 다른 뼈들은 불규칙뼈에 속하며, 하는 일에 따라서 저마다 다른 복잡한 모양을 하고 있다. 척추뼈가 한 예다.

모든 뼈는 광물질이 섞인 아교질(콜라겐)이라는 물질로 되어 있다. 뼈를 튼튼하게 하는 광물질인 칼슘과 뼈에 탄성을 주는 물질인 아교질의 혼합물이다. 이 조합 덕분에 뼈는 튼튼하면서 눌려도 잘 부러지지 않는다. 사실 무게가 같을 때, 뼈는 콘크리트보다 약 4배 더 강하고, 강철보다 더 탄력이 있다.

예전에는 과학자들까지도 뼈가 말라붙어서 죽은 부위라고 생각했다. 지금은 뼈가 계속 자라고 주변 환경에 반응한다는 것을 안다. 뼈는 갓 태어났을 때에는 300개가 넘지만, 자라면서 서로 붙거나 합쳐져서 어른이 되면 206개가 남는다. 뼈는 스스로 고치는 능력도 지닌다. 뼈가 부러지는 골절이 일어나면 그 골절된 부위로 피가 많이 흘러들어서 치료에 쓰일 영양소를 충분히 공급한다. 그래서 부러진 뼈는 대개 6주면 다 붙는다. 또 뼈는 생활 습관, 특히 운동에 반응하며, 운동을 할수록 뼈도 더 튼튼해진다. 예를 들어, 테니스 선수는 채를 휘두르는 팔이 다른 쪽 팔보다 뼈가 더 굵고 튼튼하다. 반면에 오랫동안 병을 앓아서 누워 있는 사람은 뼈가 약해져서 부러지기 쉽다. 우주에서 오래 지내다가 돌아온 우주 비행사도 그렇다. 따라서 뼈를 건강하고 튼튼하게 유지하려면 규칙적으로 운동을 하는 것이 가장 좋다.

그림 설명

1: 척추뼈
a) 척추뼈 (윗면): 상체를 받치는 데 알맞은 복잡한 모양을 하고 있다. 척추뼈 한가운데 나 있는 척추뼈구멍으로 척수가 지나간다.
b) 척주와 갈비뼈 (뒷면): 척주, 즉 등마루는 33개의 척추뼈로 되어 있다. 그중 12개에서 양쪽으로 갈비뼈가 뻗어 나온다. 갈비뼈는 총 24개다.

2: 무릎 부위의 뼈
a) 넙다리뼈
b) 정강뼈
c) 무릎뼈: 종자뼈에 속한다. 힘줄 안에 들어 있다.

d) 종아리뼈

3: 오른발에 든 뼈, 밑면
한쪽 발에는 모양과 크기가 제각각인 뼈 26개가 들어 있다. 발목에는 짧은뼈에 속하는 발목뼈들이 서로 꽉 끼워져 있다.

4: 복장뼈, 앞면
복장뼈, 즉 가슴뼈는 가슴우리 앞쪽에 있는 납작뼈다. 넥타이나 뒤집은 칼과 비슷한 모습으로, 가슴 양쪽 갈비뼈에 붙은 연골들을 하나로 이어서, 섬세한 심장과 허파를 보호한다.

5: 넙다리뼈, 앞면
a) 이 긴뼈의 위쪽 끝인 머리는 공처럼 둥근 모양이며, 엉덩관절을 만든다.
b) 넙다리뼈 단면: 넙다리뼈는 길쭉하면서 양쪽 끝이 둥글다. 몸통의 바깥 표면은 치밀뼈(i)로 되어 있어서 튼튼하다. 둥근 양쪽 끝은 속에 공기가 차 있는 해면뼈(갯솜뼈)(ii)라서 가볍다. 몸통에는 뼈 속질 공간(iii)이 있다. 혈관과 신경, 골수가 들어 있으며, 혈구가 만들어지는 곳이다.

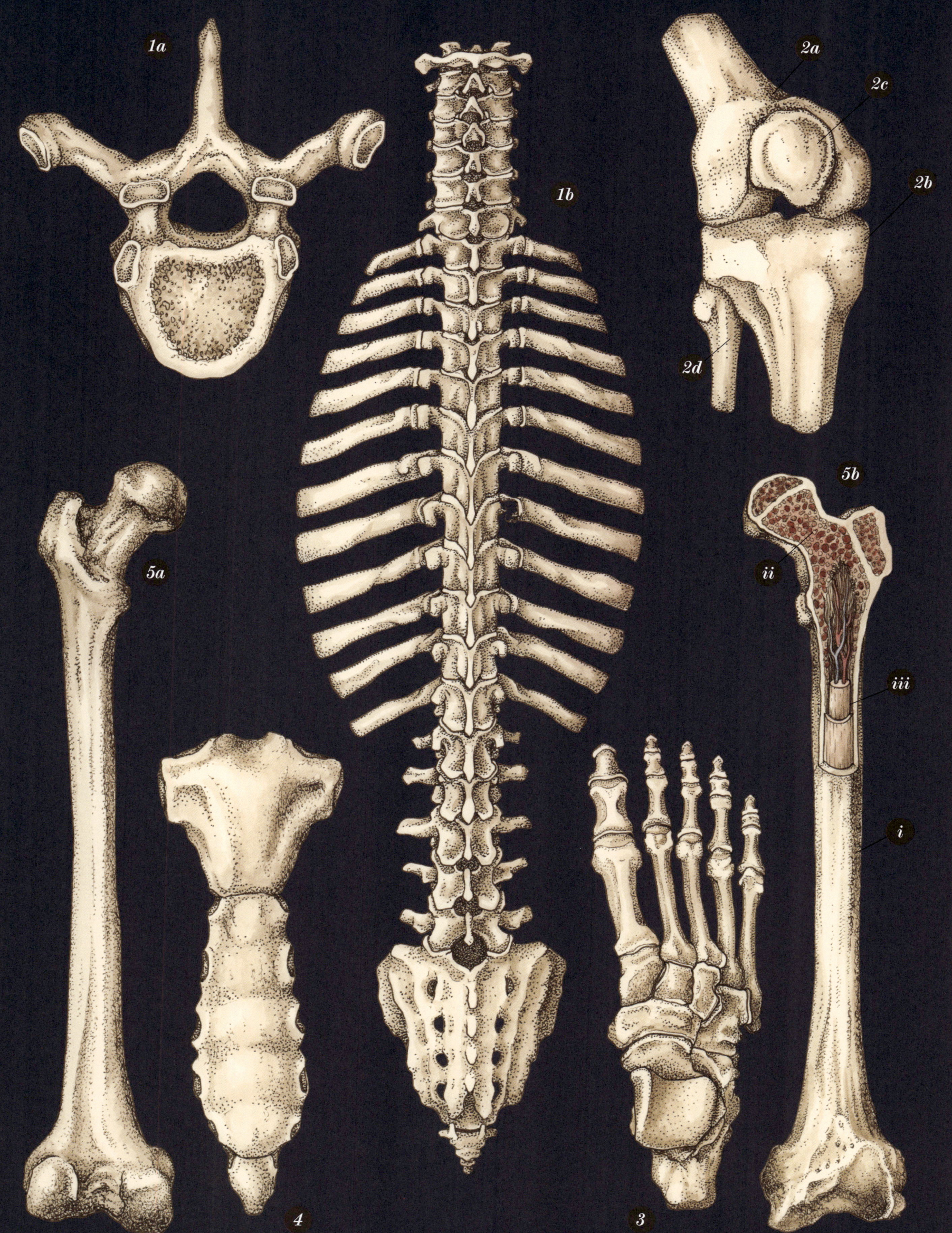

근골격계

머리뼈

머리의 피부와 근육 밑에는 머리뼈가 있다. 뇌와 감각 기관(눈, 귀, 코, 혀)을 보호하는 뼈다. 머리뼈는 전체가 하나의 뼈처럼 보이지만, 사실은 22개의 뼈로 이루어진다. 대부분 봉합이라는 관절 부위에서 움직이지 못하게 고정되어 있다. 위쪽의 머리덮개뼈는 8개의 뼈로 되어 있고, 헬멧처럼 안에 든 섬세한 뇌를 다치지 않게 보호한다. 나머지 14개의 뼈는 얼굴과 턱의 모양을 만든다. 이중 움직일 수 있는 것은 턱뼈뿐이다. 턱뼈는 경첩 관절로 머리에 연결되어 있어서, 음식을 씹고 말을 할 때 열고 닫을 수 있다.

얼굴에 있는 뼈들은 대부분 속이 꽉 차 있지 않고 군데군데 비어 있다. 공기가 차 있는 이 공간을 굴(동굴)이라고 한다. 굴은 머리뼈의 무게를 줄이고, 말할 때 공기를 진동시켜서 목소리를 더 깊고 또렷하게 만든다. 머리뼈에는 구멍도 많이 나 있다. 이 구멍으로 신경이 뻗어서 뇌와 몸을 연결한다. 또 뇌와 얼굴을 연결하는 혈관도 지나간다. 머리뼈에서는 바닥 쪽에 있는 구멍이 가장 크다. 그래서 이름이 큰구멍이다. 이 커다란 타원형 구멍을 통해 뇌와 척수가 연결된다.

얼굴의 특징 중에는 머리뼈에서 보이지 않는 것도 있다. 머리뼈에는 귀도 코도 보이지 않는다. 바깥에서 보이는 귀와 코는 연골로 되어 있기 때문이다. 연골은 뼈보다 더 부드럽고 더 빨리 분해된다.

사후에 남은 머리뼈에는 죽은 사람이 누구였는지 알려 줄 단서들이 많이 들어 있다. 머리뼈의 크기와 특징을 조사하면 성별, 나이, 인종을 알 수 있다. 다른 뼈들까지 함께 살펴보면 어떤 병을 앓았는지, 어디에 살았는지도 알아낼 수 있다. 고인류학자는 뼈를 조사하여 고대 문명의 이모저모를 알아낼 수 있고, 법의학자는 범죄 사건에서 희생자의 사망 원인을 알려 줄 중요한 단서를 찾아낼 수 있다.

그림 설명

1: 어른 머리뼈
a) 앞면
b) 뒷면: 시상봉합(i)과 시옷 봉합(ii)이 보인다. 마루뼈(iii)와 뒤통수뼈(iv)가 맞붙은 부위들이다.
c) 밑면(턱뼈 제외): 머리뼈 바닥의 한가운데에 난 커다란 구멍을 큰구멍이라고 한다. 머리뼈에서 나온 척수가 척주로 내려가는 통로다.
d) 옆면: 관상봉합(i), 비늘봉합(ii), 시옷봉합(iii)이 보인다. 이마뼈(iv), 마루뼈(v), 관자뼈(vi), 뒤통수뼈(vii)가 맞붙은 부위들이다.
e) 옆에서 본 단면: 머리뼈 안쪽 뇌가 있는 공간을 머리뼈우묵이라고 한다.

2: 신생아 머리뼈
어른의 머리뼈를 이루는 뼈들은 융합되어서 움직이지 못하지만, 아기 때에는 이 관절 부위가 아직 딱딱해지지 않은 상태다. 대신에 봉합 부위가 훨씬 더 유연한 물질로 되어 있어서, 아기의 머리뼈에는 아직 굳지 않은 '부드러운 지점'인 숫구멍들이 있다. 아기의 뇌는 아주 빨리 자란다. 태어났을 때는 약 350그램이었다가 석 달 사이에 거의 600그램으로 커진다. 어른 뇌의 약 절반 크기다. 숫구멍 덕분에 머리뼈는 뇌가 자라는 속도에 맞추어서 늘어날 수 있다.
a) 윗면: 마름모꼴 부위가 숫구멍(i)이다. 아기 머리뼈의 부드러운 지점이다.
b) 앞면: 어른에 비해 아기의 머리뼈는 이마와 눈구멍(눈확)이 더 두드러지고, 턱이 더 작다.
c) 옆면: 튀어나온 이마와 작은 턱이 눈에 띈다.

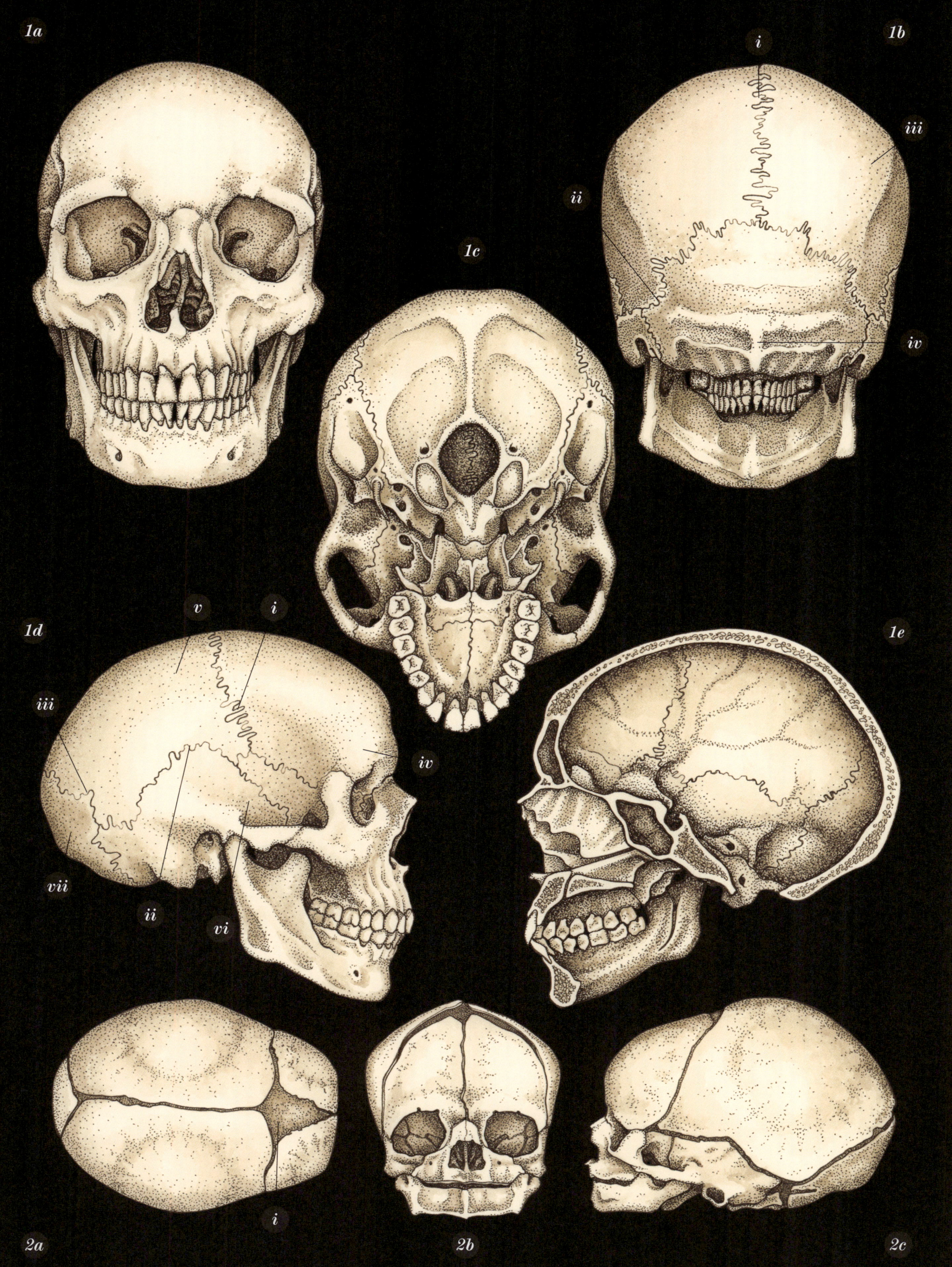

> 근골격계

관절

관절은 뼈대에서 둘 이상의 뼈가 만나는 지점이다. 몸에는 300개가 넘는 관절이 있다. 모든 뼈는 적어도 하나 이상의 다른 뼈와 연결되어 있기 때문이다(단, 목에 든 목뿔뼈만 빼고). 흔히 관절을 뼈대에서 움직일 수 있는 부위라고 생각한다. 하지만 사실 관절은 세 종류가 있다. 움직일 수 있는 관절도 있고, 완전히 고정된 관절도 있다.

섬유 관절은 움직일 수 없는 관절로서, 뼈들을 맞붙여서 안정한 상태로 유지하는 중요한 기능을 한다. 어른 머리뼈에서는 뼈들이 봉합이라는 섬유 관절에서 서로 맞붙어 있다. 또 섬유 관절은 치아를 이틀에 단단히 고정시킨다.

연골 관절은 섬유 관절보다 좀 더 유연하다. 양쪽 뼈 사이에 연골 즉 물렁뼈가 들어 있는 관절이다. 갈비뼈와 가슴뼈 사이, 골반의 양쪽 사이, 척추뼈 사이에 연골 관절이 있다. 이 관절은 조금 움직일 수 있기 때문에, 필요할 때 뼈들의 위치가 살짝 달라질 수 있다. 골반의 관절은 임신 기간 동안 더 유연해져서, 아기를 낳기 쉽게 돕는다.

훨씬 더 흔한 종류의 관절은 움직일 수 있는 윤활 관절이다. 엉덩이, 무릎, 어깨, 팔꿈치의 관절이 그렇다. 윤활 관절은 신체 부위에 따라서 모양이 다르지만, 기본 구조는 같다. 뼈끝에는 마찰을 줄이고 서로 잘 미끄러지도록 돕는 유리 연골이 덮여 있다. 뼈들은 인대라는 질긴 조직을 통해 서로 연결된 상태를 유지한다. 관절을 꽉 감싸서 묶어 놓는 튼튼하면서 유연한 관절 주머니도 있다. 이 관절에는 윤활액이라는 미끄러운 액체도 들어 있다. 금속 부품이 잘 움직이도록 돕는 윤활유와 비슷하게 관절의 움직임을 돕는 액체다. 빨리 일어설 때 무릎 관절에서 뚝뚝 소리가 나거나 손가락을 꺾을 때 나는 뚝뚝 소리를 들은 적이 있는지? 이상한 소리처럼 들리지만, 사실은 윤활액 안에 생긴 공기방울이 터지면서 나는 소리다. 전혀 해롭지 않다.

--- 그림 설명 ---

1: 중쇠 관절의 구조
중쇠 관절에서는 한쪽 뼈가 다른 쪽 뼈 주위를 회전한다. 척추 축과 고리뼈 사이의 관절이 그렇다. 머리를 좌우로 돌리는 데 쓰인다.

2: 절구 관절의 구조
'공이'처럼 생긴 긴뼈의 끝이 다른 뼈의 '절구'처럼 생긴 구멍에 끼워져 있는 관절이다. 굽히고 돌리는 등 다양한 방향으로 움직일 수 있다. 어깨 관절과 엉덩 관절이 대표적이다.

3: 경첩 관절의 구조
문의 경첩이 열고 닫기만 가능한 것처럼, 경첩 관절도 한쪽 방향으로만 움직인다. 회전은 할 수 없다. 팔꿈치, 무릎, 발목 관절이 대표적이다.

4: 융기 관절의 구조
한쪽 뼈의 둥그스름한 끝이, 다른 쪽 뼈의 약간 오목한 곳에 닿아 있는 형태다. 타원 관절이라고도 하며, 손목의 움직임처럼, 여러 방향으로 움직일 수 있다.

5: 안장 관절의 구조
다른 뼈의 위에 놓인 안장처럼 생긴 이 관절은 좌우 운동과 굽힘 운동은 가능하지만, 회전 운동은 할 수 없다. 엄지손가락의 손허리뼈와 손목뼈 사이의 관절이 대표적이다.

6: 평면 관절의 구조
활주 관절이라고도 하며, 뼈들이 서로 나란히 평면을 이루고 있다. 뼈들이 서로 좌우나 위아래로 미끄러지면서 움직일 수 있다. 평면 관절은 손목과 발목에 있는 뼈들에서 볼 수 있다.

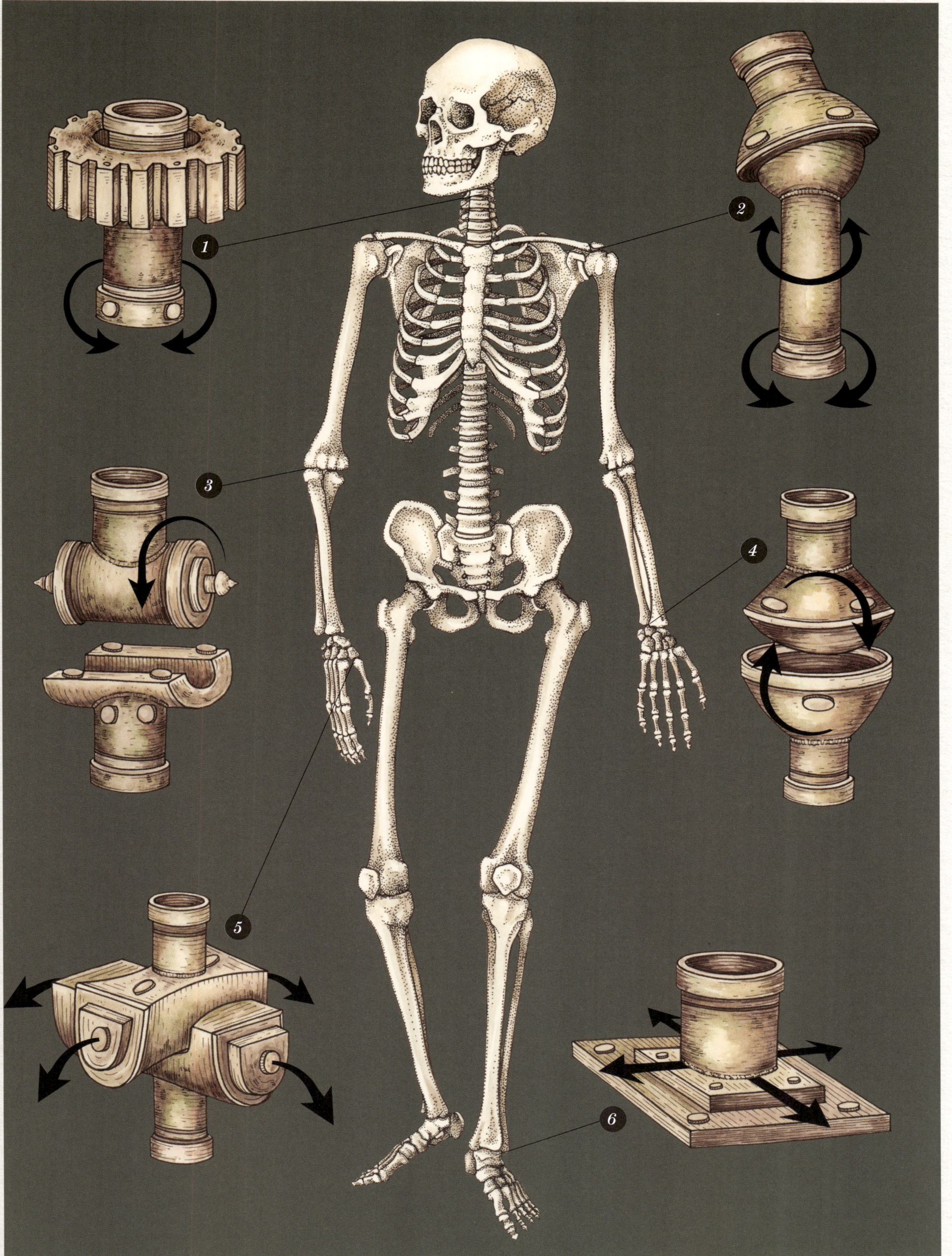

근골격계

연결 조직

골격계에 뼈와 근육만 있는 것은 아니다. 뼈와 뼈를 연결하고, 뼈에 근육을 연결하는 일을 하는 연결 조직도 많이 있다. 힘줄, 인대, 연골이 바로 연결 조직이다. 연결 조직은 뼈대를 연결하고 지지하고 보호한다.

힘줄은 근육을 뼈에 붙이는 굵은 띠 모양의 조직이다. 근육은 수축할 때 짧아지면서 힘줄을 잡아당긴다. 그러면 뼈도 따라서 당겨진다. 힘줄은 아교질이라는 단백질로 되어 있으며, 밧줄처럼 생긴 굵고 튼튼하면서 늘어나는 가닥들이 나란히 늘어선 긴 섬유 모양이다.

인대도 비슷하게 밧줄처럼 생겼고, 아교질로 되어 있다. 인대는 근육을 뼈에 연결하는 것이 아니라, 뼈와 뼈를 연결함으로써 관절이 빠지지 않도록 유지한다. 대체로 관절의 뼈들이 잘 들어맞지 않을수록, 그 관절에는 인대가 더 필요하다. 무릎의 뼈들은 서로 아주 잘 맞추어져 있는 것이 아니기 때문에, 관절을 안정시키기 위해서 관절 안팎에 인대가 몇 개나 붙어 있다.

연골은 부드럽고 유연한 물질로서 몸 곳곳에 있으며, 세 종류로 구분된다. 유리 연골은 움직일 수 있는 관절의 뼈 표면에 붙어 있다. 충격을 흡수하고 뼈와 뼈 사이의 마찰을 줄이는 일을 한다. 힘줄과 인대가 잡아당길 때 강한 반면, 연골은 눌릴 때 가장 강하다. 그래서 연골은 높이 뛰고 달리고 운동 경기를 할 때처럼, 움직일 때 생기는 충격을 흡수하는 일을 잘한다. 섬유 연골은 척추뼈 사이와 무릎 관절에 들어 있는 부드럽게 눌리는 원반 모양의 연골이다. 마지막으로, 탄력 연골은 탄력이 좋은 조직으로서, 바깥귀의 모양을 이룬다. 그래서 귀는 구부러지다가도 원래 모양으로 돌아간다.

---------- 그림 설명 ----------

1: **무릎 관절과 다리, 근육을 제외한 앞면과 옆면**
a) 네갈래 힘줄: 네갈래근을 정강뼈에 연결하고, 무릎뼈를 고정시킨다.
b) 무릎뼈
c) 종아리 곁인대: 넙다리뼈를 종아리뼈에 연결한다.
d) 연골: 뼈대에서 뼈들이 만나는 표면에 붙어 있다. 뼈들이 서로 문질러질 때 마찰을 줄이는 일을 한다.
e) 십자 인대의 앞과 뒤: 무릎 관절 안쪽에 있으며, 넙다리뼈와 정강뼈를 연결한다.
f) 무릎 인대: 무릎뼈와 정강뼈를 연결한다.
g) 발목 관절의 인대: 발목의 뼈들을 안정시킨다.

2: **무릎 관절과 다리, 근육까지 포함한 뒷면**
a) 장딴지근
b) 아킬레스 힘줄: 몸에서 가장 크고 가장 튼튼한 힘줄이다. 발꿈치 뒤쪽에서 쉽게 만져볼 수 있다. 장딴지근을 발꿈치뼈에 연결한다. 이 근육이 수축하면 발꿈치뼈가 올라가면서 발가락 쪽만 바닥을 딛게 된다. 이 힘줄은 고대 그리스 전사 아킬레스의 이름을 땄다. 아킬레스는 아기 때 스틱스강 물로 목욕을 한 뒤, 무엇으로도 죽일 수 없는 몸이 되었다. 어머니가 그의 발목을 쥐고서 씻기느라 물에 닿지 않은 발목만 예외였다. 훗날 아킬레스는 자신의 유일한 약점인 발꿈치에 화살을 맞아서 죽었다. 그래서 '아킬레스의 힘줄'이라는 표현이 생겨났다. 아킬레스 힘줄이라는 이름은 이 중요한 힘줄이 손상되면 무척 치명적이라는 사실을 알려 준다.
c) 발꿈치뼈

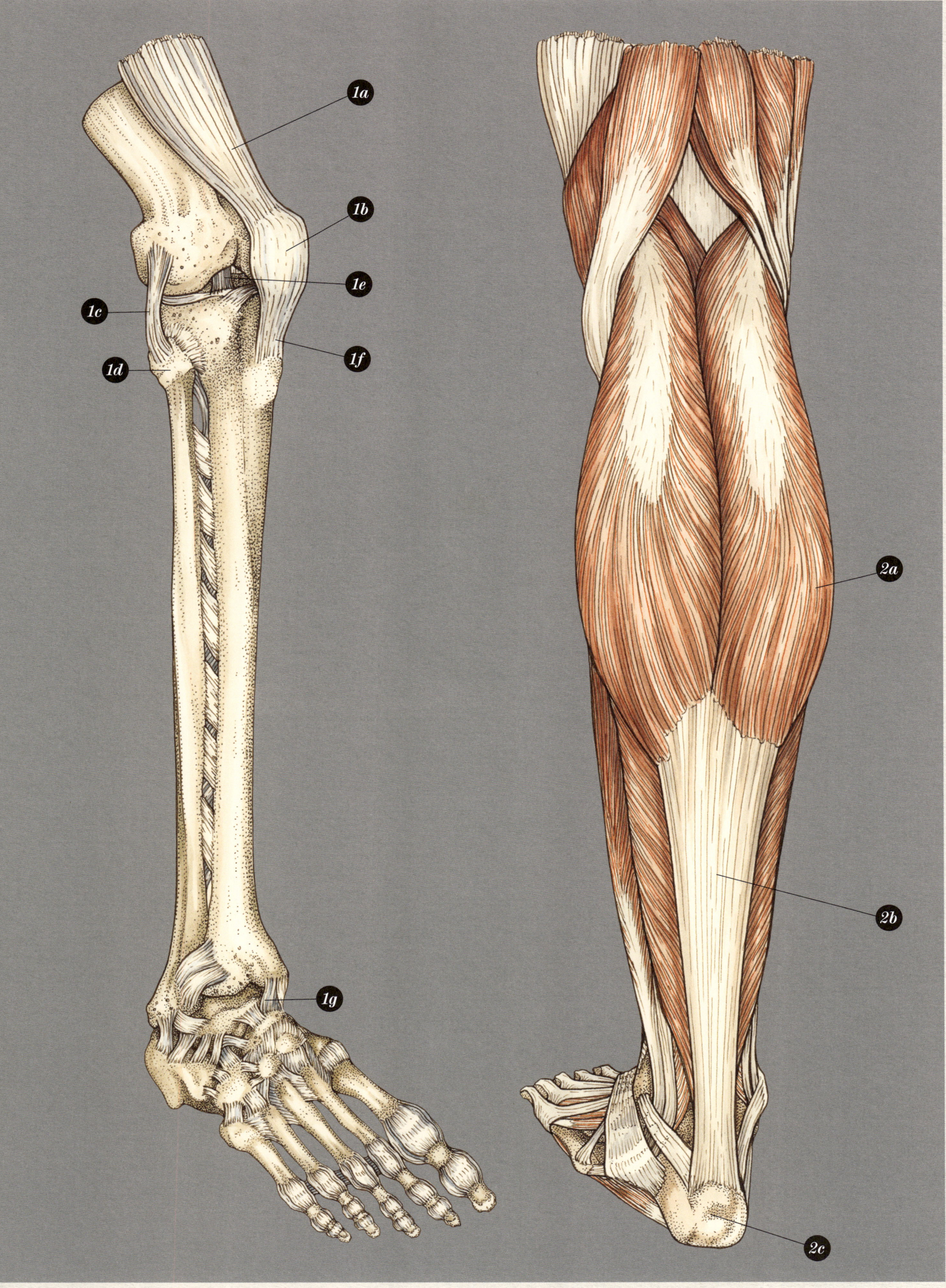

근골격계

근육계

아기가 세상을 향해 내딛는 첫걸음부터 올림픽 선수의 속도와 발레리나의 우아함에 이르기까지, 근육계는 우리 몸이 할 수 있는 모든 종류의 움직임을 만들어 낸다.

몸에는 뼈대근, 심장근, 민무늬근이라는 세 종류의 근육이 있다. 모든 근육 조직은 한 가지 중요한 공통점을 지닌다. 바로 수축함으로써, 즉 짧아짐으로써 몸의 한 부위를 움직인다는 것이다. 뼈대근은 수축할 때 붙어 있는 뼈를 잡아당김으로써, 새로운 위치로 옮긴다. 근육은 한 방향으로만 잡아당길 수 있으므로, 대개 쌍으로 일한다. 그래서 한 근육이 수축하여 관절을 굽힌 뒤에는 짝을 이루는 근육이 수축하여 관절을 편다. 예를 들어, 위팔의 두갈래근이 수축하면, 아래팔에 연결된 힘줄이 당겨지면서 손과 팔이 구부러진다. 아래팔을 다시 펼 때는 두갈래근이 이완되고 위팔 밑쪽의 세갈래근이 수축된다. 뼈대근은 몸의 형태를 만들며, 어른 체중의 약 40퍼센트를 차지한다.

근육계는 뼈대를 움직일 뿐 아니라, 온몸으로 피를 보내는 일(심장근)에서 소화관에서 음식물을 운반하고(민무늬근), 얼굴 표정을 통해 의사를 전달하는 일(뼈대근)에 이르기까지 여러 중요한 역할을 한다. 더 나아가 근육은 우리를 따뜻하게 유지하는 역할도 한다. 우리 체열의 약 70퍼센트는 근육 수축을 통해 생긴다.

―――――――― 그림 설명 ――――――――

1: 뼈대근, 뒷면
몸에는 뼈대근이 600가지가 넘는다. 뼈대근은 하는 일이나 모양, 크기, 위치에 따라 이름이 붙여진다. 굽힘근과 폄근은 접두사로 흔히 쓰인다. 관절에서 굽히는 일을 하느냐 펴는 일을 하느냐에 따라서 붙인 이름이다.
근육의 상대적인 크기에 따라서 큰, 작은, 긴, 짧은 같은 접두사도 붙곤 한다. 근육을 뜻하는 영어 단어(*muscle*)는 '작은 생쥐'라는 뜻의 라틴어에서 나왔다. 근육의 힘살(한가운데의 불룩한 부분)과 힘줄(근육을 뼈에 연결하는 부위)이 생쥐와 그 꼬리처럼 생겼기 때문이다.

a) 등세모근
b) 넓은등근
c) 큰볼기근
d) 넙다리뒤근육(반힘줄근, 반막모양근, 넙다리두갈래근)
e) 장딴지근
f) 위팔세갈래근
g) 어깨세모근

2: 뼈대근, 앞면
a) 큰가슴근
b) 위팔두갈래근
c) 배곧은근
d) 네갈래근(넙다리곧은근, 가쪽넓은근, 안쪽넓은근, 중간넓은근)
e) 앞정강근

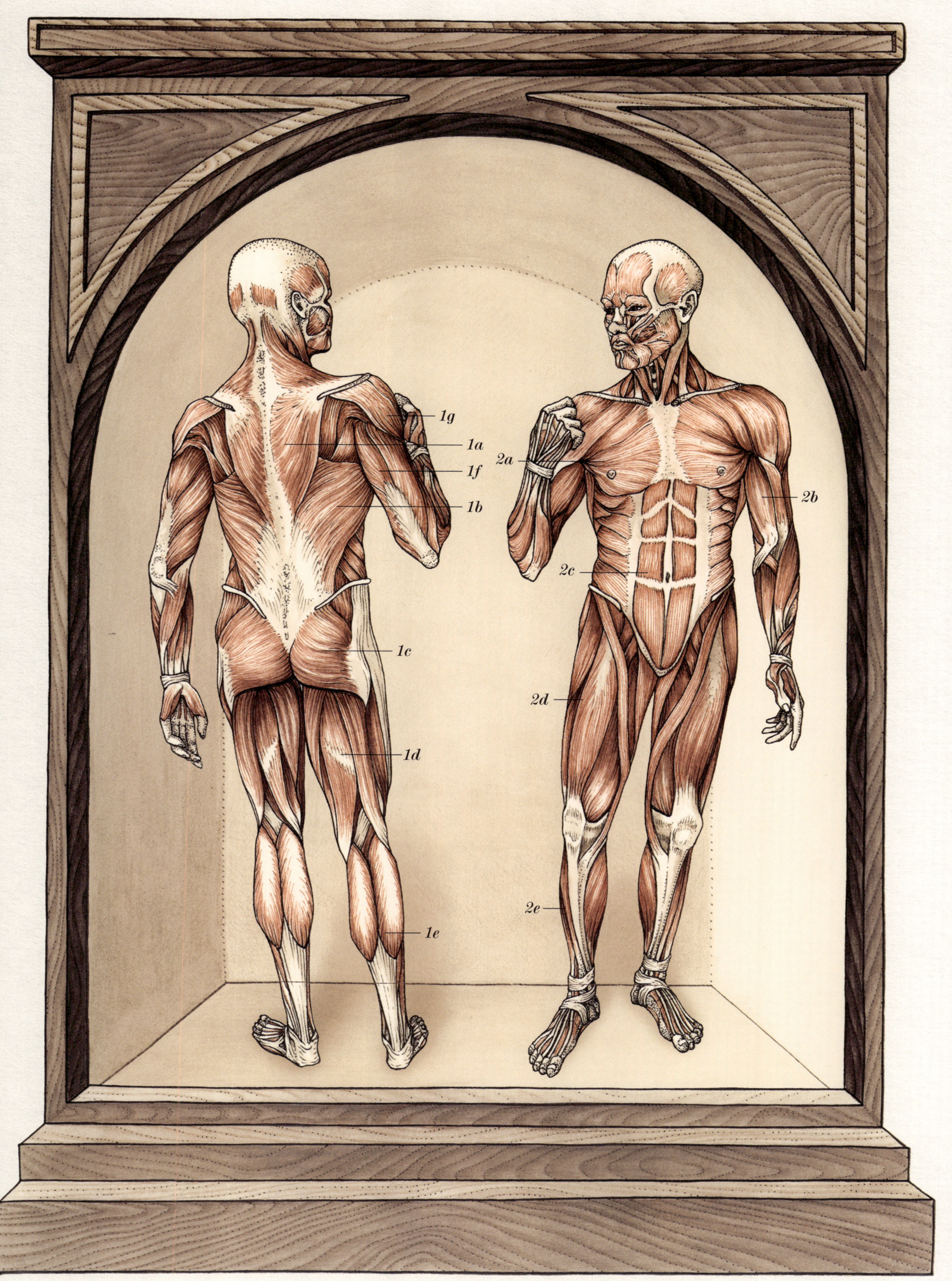

근골격계

근육 조직

근육 조직은 근육세포라는 길고 가는 세포 수천 개가 모여서 만들어진다. 이 세포들이 함께 수축함으로써 근육의 모양을 바꾼다. 뼈대근, 심장근, 민무늬근 모두 근육세포로 되어 있는데, 배열 방식이 서로 다르다. 근육 중에는 스스로 알아서 움직이는 것이 있는데, 제대로근(불수의근)이라고 한다. 반면에 우리 생각대로 움직이는 근육도 있으며, 맘대로근(수의근)이라고 한다.

몸의 뼈대에 붙어 있는 뼈대근은 근육세포들이 결합된 근섬유라는 가늘고 긴 가닥들로 이루어진다. 근섬유들은 결합되어 불룩한 '힘살' 모양을 만든다. 피부 밑으로 드러나는 근육의 둥그스름한 부분이다. 뼈대근은 모두 맘대로근이다. 즉 우리가 움직이겠다고 생각을 해야 움직인다는 뜻이다. 그러려면 전기 신호가 뇌에서 척수를 통해 근육 속의 신경까지 전달되어야 한다. 반면에 심장근과 민무늬근은 자율적으로 움직인다. 우리가 움직이겠다고 생각할 필요가 없는 제대로근이다.

심장근은 심장의 벽을 이루며, 몸의 다른 부위에는 없다. 심장의 방을 규칙적으로 쥐어짜서 피를 온몸으로 보내는 일을 한다. 규칙적인 쥐어짜기 운동은 근육 조직에 전선처럼 들어 있는 신경을 통해 전기 신호가 전달되면서 일어난다.

민무늬근은 혈관의 벽, 비뇨계와 소화관의 곳곳에 있다. 신경계의 신호를 받아서 작동하며, 주로 관의 폭을 조절한다. 즉 관을 조였다가 풀었다 하면서 그 안에 든 것을 옮기는 일을 한다. 예를 들어, 꿈틀 운동이라고 부르는 조이는 운동은 음식물을 소화관을 따라 밀어낸다. 치약을 쥐어짜는 것과 비슷하다. 민무늬근은 방광의 벽에도 있다. 사실 방광에는 따로 이름이 붙은 민무늬근이 있다. 바로 배뇨근이다. 회장실에 가면, 배뇨근은 방광을 쥐어짜서 소변을 내보낸다. 방광은 민무늬근으로 되어 있으므로 맘대로 제어하지 못한다. 하지만, 특수한 근육판이 따로 있어서 우리가 허락할 때까지는 소변이 흘러나오지 못하게 막는다. 그래서 우리는 언제 어디에서 방광을 비울지를 정할 수 있다.

그림 설명

1: 심장근

a) 심장: 심장근은 심장의 벽을 만들고, 수축함으로써 심장에 든 피를 허파나 몸 전체로 뿜어낸다.
b) 심장근 구조: 심장근을 현미경으로 자세히 살펴보면 구조가 드러난다. 심장근 세포는 가지를 뻗고 줄무늬가 있다. 세포마다 핵이 하나씩 들어 있다. 세포들은 사이원반이라는 부위에서 서로 연결되며, 사이원반은 근육이 수축하는 데 필요한 전기 신호를 전달하는 일을 돕는다.

2: 민무늬근

a) 위장: 위장의 벽은 3층의 민무늬근으로 되어 있다. 층마다 근육이 다른 방향으로 배열되어 있다. 이 근육들은 뒤섞는 운동을 일으켜서 위장에 든 음식물을 잘 뒤섞는다.
b) 민무늬근 구조: 민무늬근 세포는 길고 가는 모양이다. 세포마다 핵이 하나 들어 있고, 줄무늬는 없다.

3: 뼈대근

a) 위팔두갈래근: 모든 뼈대근은 적어도 하나의 이는곳(근육이 한 뼈에서 시작되는 지점)과 닿는곳(근육이 다른 뼈에 붙는 지점)이 있다. 위팔두갈래근은 이는곳이 두 곳이어서 '두 갈래근'이라고 한다. 위팔두갈래근이 수축하면 아래팔이 팔꿈치에서 안으로 굽는다.
b) 뼈대근 구조: 근섬유를 이루는 근육세포들이 보인다. 각 세포는 여러 개의 핵을 지니고 있다. 근섬유는 줄무늬가 나 있다.

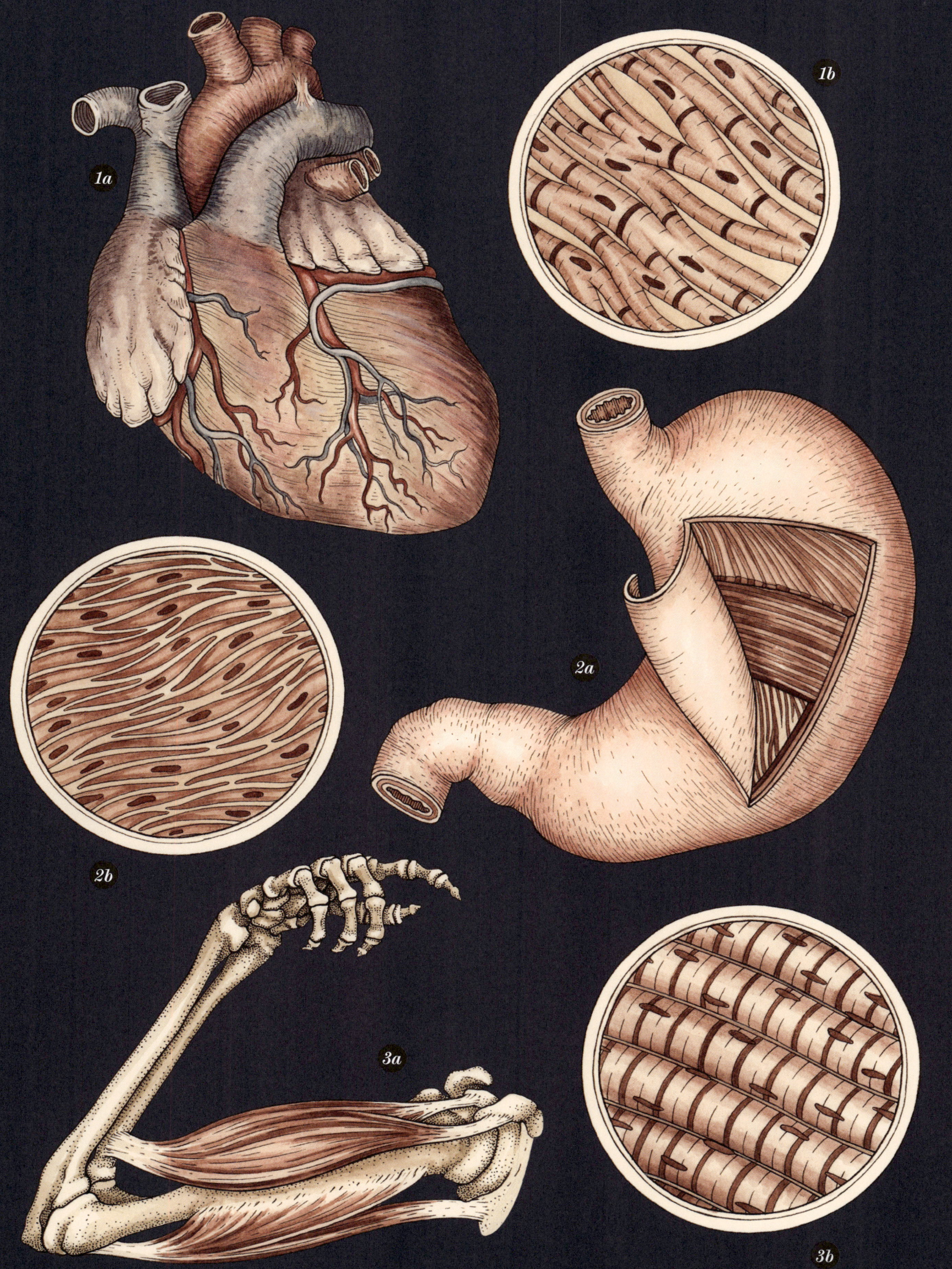

근골격계

근육: 손

동물은 대부분 걸을 때 손(앞발)도 써서 걷는다. 즉 네 발로 걷는다. 그 움직임이 전형적인 사지류 걸음걸이다. 그러나 사람은 곧추 서서 두 발로 걷는다. 이 두 발 보행 덕분에 우리는 손을 다양한 용도로 쓸 수 있게 되었다. 사실 우리를 다른 종들과 구별해 주는 여러 특징들은 놀라우리만큼 다양한 움직임을 수행할 수 있는 손 덕분에 나온다.

우리는 깨어날 때부터 잠들 때까지 거의 끊임없이 손을 쓴다. 먹고, 씻고, 물건을 옮기는 데에 쓸 뿐 아니라, 손짓과 몸 언어를 통해 의사소통도 한다. 손이라는 복잡한 기구는 악기 연주, 휴대전화 문자 메시지 작성, 셔츠의 단추 채우기, 자물쇠에 열쇠 끼워 돌리기 같은 보다 복잡한 일도 할 수 있다.

놀랍게도 손가락 자체에는 근육이 아예 없다. 대신에 손가락을 구부리거나 펴는 움직임은 아래팔과 손에 있는 근육이 한다. 이 근육들에 붙은 힘줄이 긴 끈처럼 손가락 끝까지 뻗어 있다. 이 끈들은 섬세하게 엮이면서 손가락뼈들의 관절을 움직인다. 또 손바닥에 있는 작은 근육들은 섬세하게 손가락을 움직여서 정밀한 일을 할 수 있게 해 준다.

우리 손이 아주 쓸모가 많은 이유는 엄지손가락이 다른 손가락들과 마주보고 있기 때문이다. 우리는 손바닥 위에서 엄지손가락 끝을 새끼손가락 끝과 맞댈 수 있다. 사실 마주 보는 엄지손가락이 없다면, 우리는 매일같이 손으로 하는 수많은 일들을 못하게 될 것이다.

그림 설명

1: 왼쪽 손과 손목의 뼈
총 27개의 뼈는 손가락뼈 14개, 손허리뼈 5개, 손목뼈 8개로 나뉘며, 뼈들은 조각 그림 퍼즐의 조각들처럼 딱 들어맞는다.
a) 손가락뼈
b) 손허리뼈
c) 손목뼈

2: 손의 부드러운 조직
손과 손가락을 움직이기 위해서, 아래팔에는 많은 근육들이 긴 힘줄을 손가락 끝까지 뻗고 있다. 이런 힘줄은 힘줄집이라는 작은 덮개 속에 들어 있다. 힘줄집은 움직일 때 힘줄이 매끄럽게 미끄러지도록 돕는다. 또 손바닥에는 섬세한 움직임을 돕는 근육들이 많이 들어 있다.

3: 꽉 쥐기
장바구니나 여행 가방 같은 물건을 운반하거나 망치나 야구 방망이 같은 물체를 들 때 유용한 형태의 쥐기다.

4: 정밀한 쥐기
작은 물체를 집어들 때 유용한 쥐기로서, 손가락을 고도로 섬세하고 정확하게 움직여야 한다.
a) 집게 집기: 이 섬세한 정밀 쥐기는 둘째손가락과 엄지손가락을 맞대는 것이다. 작은 물건을 집는 데 유용하다.
b) 동적 삼각 쥐기: 연필을 쥘 때 쓰는 방식이다. 이 정밀 쥐기는 엄지손가락, 둘째손가락, 가운데손가락을 써서 흔들리지 않게 받치면서 세밀하게 움직일 때 쓴다.

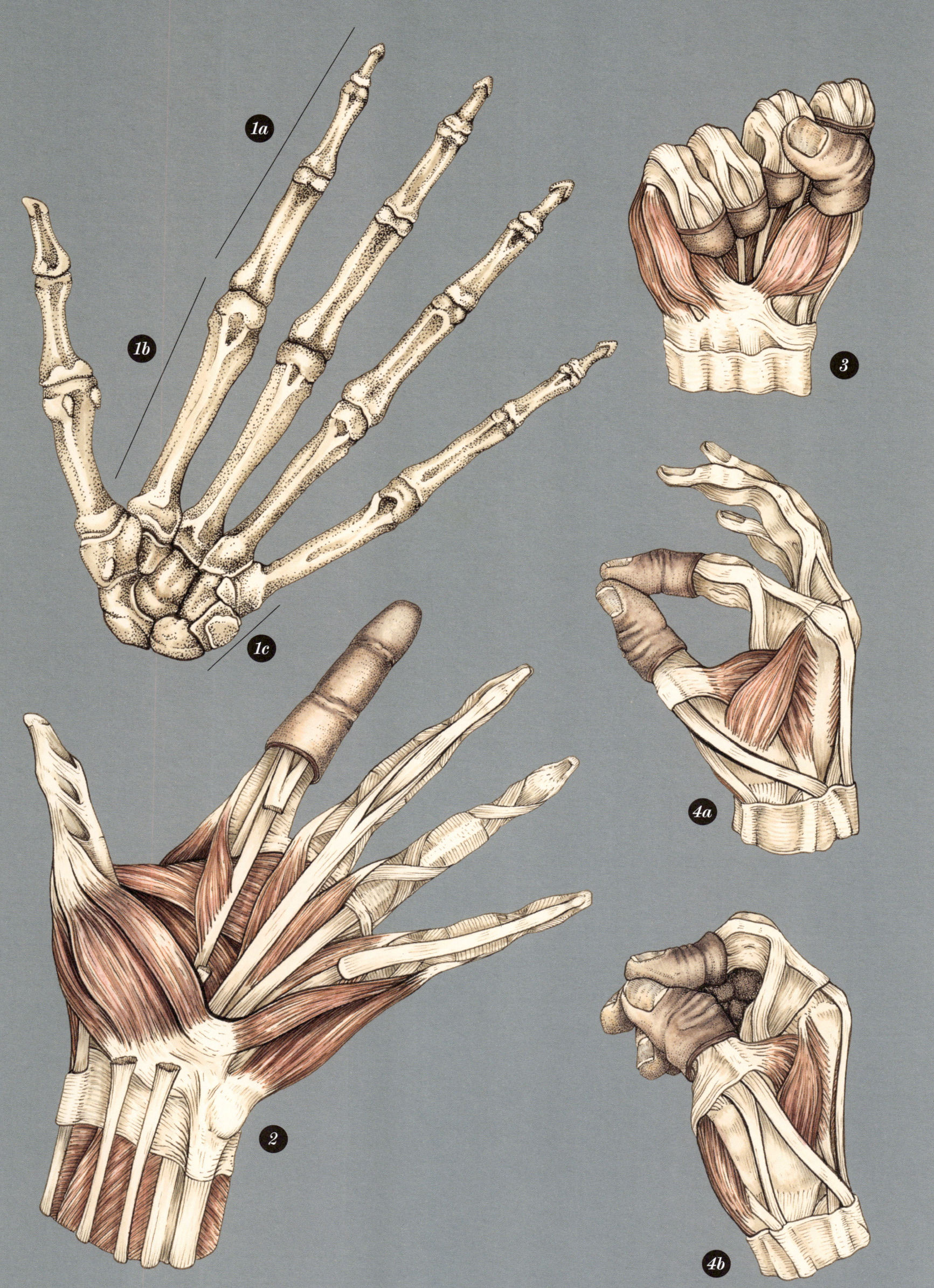

근골격계

근육: 얼굴 표정

우리는 다른 사람의 얼굴 표정을 보고서 어떤 감정을 느끼고 있는지를 알아차리곤 한다. 행복한지, 슬픈지, 화났는지, 걱정하는지 알 수 있다. 친구가 말로는 괜찮다고 하지만, 표정은 그렇지 않을 때도 많다. 우리는 말로 의사소통을 하면서도, 몸 언어, 특히 얼굴 표정을 통해서 말없이 전달되는 이야기를 알아차리고 이해하고 반응하는 능력도 뛰어나다.

얼굴의 피부 밑에는 40가지가 넘는 근육이 있으며, 이 근육들은 머리뼈와 연결되어 있다. 이 근육들은 다양하게 조합되어서 사람들 사이의 상호작용과 의사소통에 대단히 중요한 약 1만 가지의 표정을 만들어 낼 수 있다. 얼굴 근육 중에는 눈과 입 주위의 근육처럼 기능이 뚜렷한 것들이 많다. 눈둘레근은 눈 주위를 에워싸고 있으며, 눈꺼풀을 닫는 데 쓰이며, 더 수축하여 눈을 찡그리는 일도 한다. 입 주위의 근육인 입둘레근은 입을 닫고 입술을 내미는 데 쓰이며, 그래서 '뽀뽀 근육'이라고 알려져 있다. 양쪽 둘레근은 납작하면서 원형으로 배열되어 있으며, 모양이 매우 비슷하다. 얼굴 피부의 특정 부위를 위아래로 당기는 근육들도 있다. 입꼬리내림근은 입꼬리를 아래로 내림으로써 슬픈 표정을 짓게 하며, 눈꺼풀올림근은 눈꺼풀을 올린다. 이마의 이마근은 놀라움을 표현하는 데 쓰인다. 눈썹을 치켜 올리고 이마에 주름을 만든다. 우리는 웃을 때보다 찌푸릴 때 훨씬 더 많은 근육을 쓴다. 또 진짜로 행복한 웃음은 입 주위의 근육만이 아니라 눈 주위의 근육도 저절로 움직인다. 그래서 때로 가짜 웃음과 진짜 웃음을 구별할 수도 있다!

---- 그림 설명 ----

1: 얼굴 표정을 만드는 근육
a) 이마근
b) 관자근
c) 눈둘레근
d) 코근
e) 입둘레근
f) 위입술올림근
g) 큰광대근
h) 입꼬리내림근
i) 넓은목근
j) 턱끝근

2: 뽀뽀 근육
입둘레근은 뽀뽀할 때 입술을 닫고 앞으로 내민다.

3: 웃음과 윙크의 근육
큰광대근은 웃을 때 입꼬리를 위로 잡아당긴다. 윙크를 할 때 눈둘레근은 수축하면서 눈꺼풀을 닫는다. 또 눈둘레근은 웃을 때 저절로 수축한다.

4: 슬픔의 근육
입꼬리내림근은 입꼬리를 아래로 잡아당긴다.

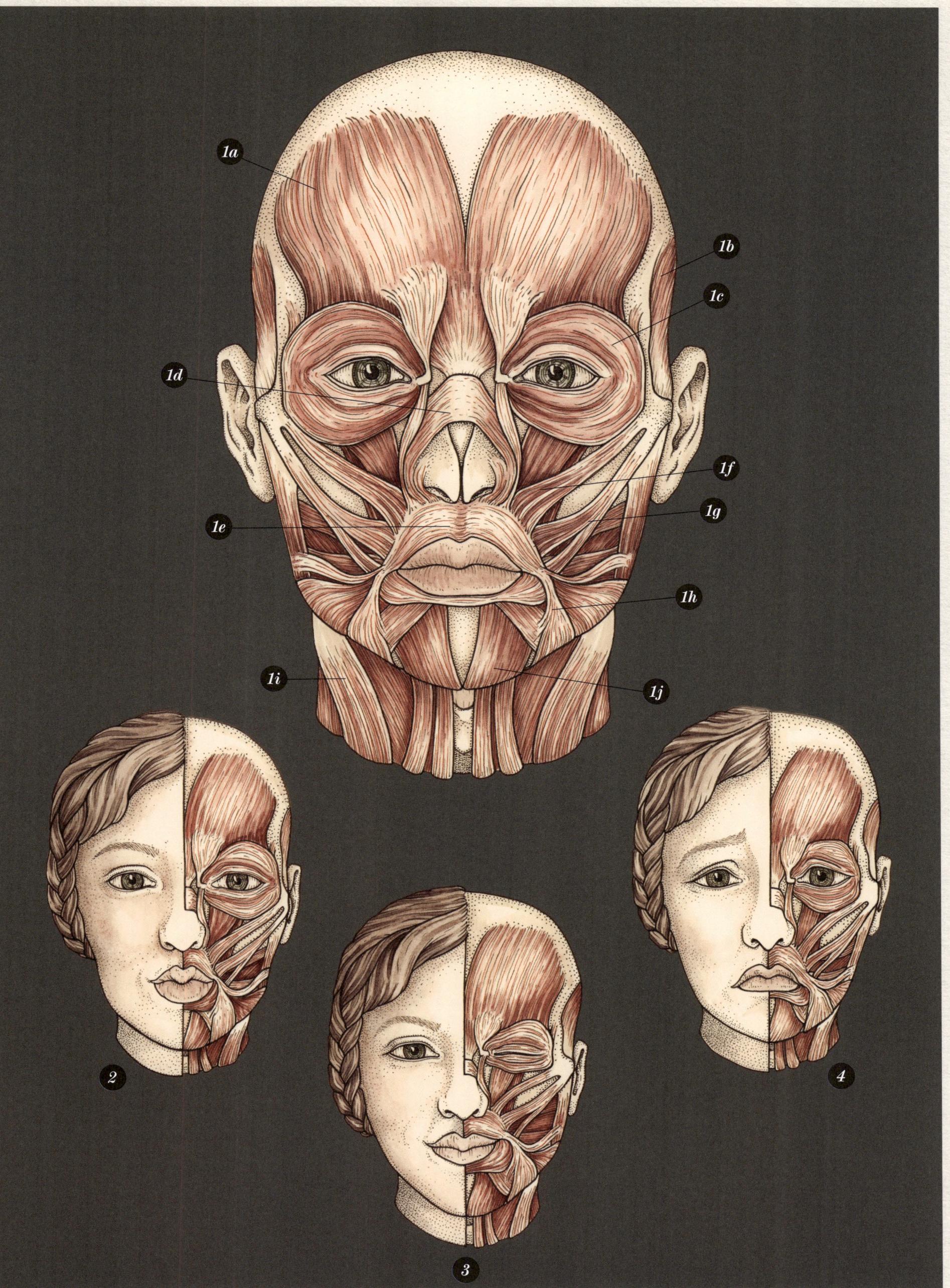

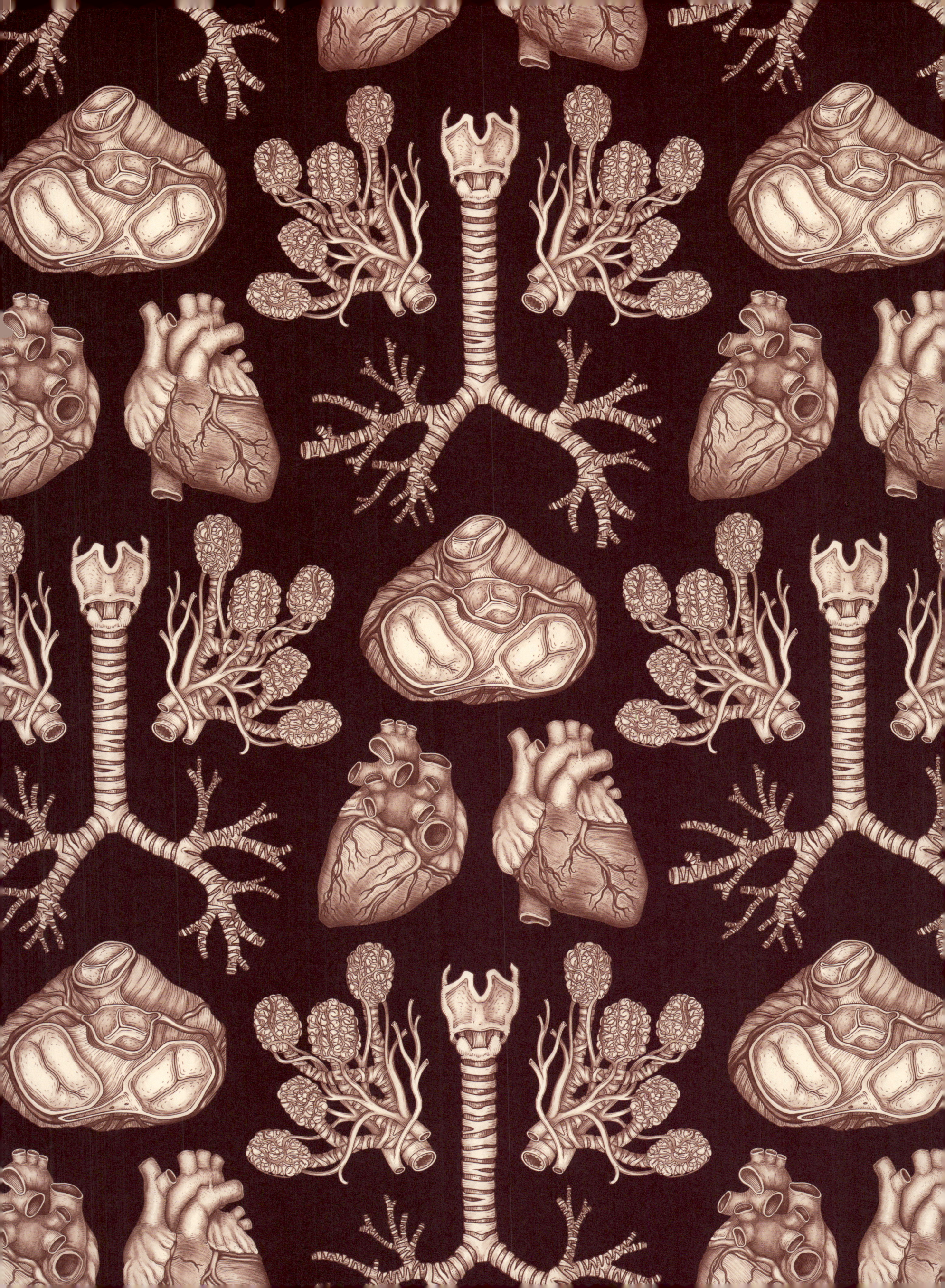

인체 박물관

2 전시실

심혈관계와 호흡계

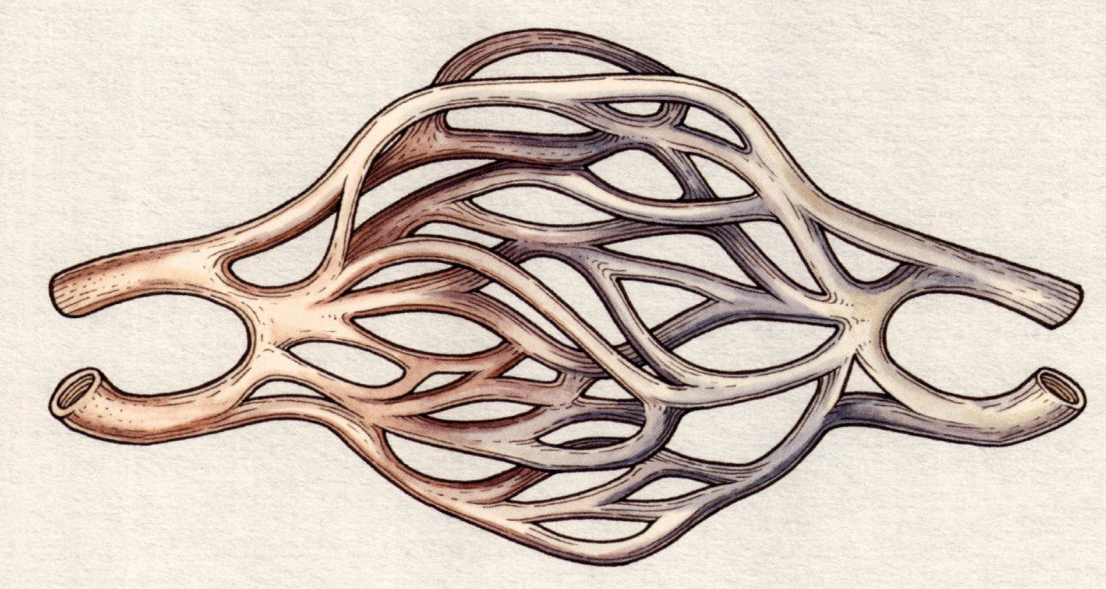

심혈관계와 호흡계
심장
피
숨길
허파

심혈관계와 호흡계

심혈관계와 호흡계

산소는 우리가 호흡하는 공기의 약 20퍼센트를 차지한다. 이 비율은 장소, 기온, 고도에 따라 달라질 수 있지만, 살아가려면 산소를 충분히 들이마셔야 한다. 산소가 몇 분만 없어도 목숨이 위험할 수 있다. 몸의 모든 세포가 산소를 이용하여 에너지를 생산하기 때문이다. 이 과정을 호흡이라고 한다. 세포가 에너지를 만들 때면, 이산화탄소라는 기체가 부산물로 나온다. 이 기체는 몸속에서 빼내야 한다. 산소를 마시고 이산화탄소를 내뱉는 것이 바로 호흡계가 하는 일이다. 호흡계는 심혈관계와 긴밀하게 협력한다. 심혈관계는 피를 통해 온몸의 세포로 산소를 전달하고, 모든 세포에서 노폐물인 이산화탄소를 받아 온다.

산소가 몸의 세포로 들어가려면, 호흡계와 심혈관계, 두 계통을 통해 긴 여행을 해야 한다. 먼저, 공기는 호흡을 통하여 코와 입으로 들어와서 기관(숨관)을 통하여 허파(폐)에 다다른다. 허파에서 공기 중의 산소가 혈액으로 전달되어 심혈관계로 들어온다. 산소를 지닌 피는 심장으로 들어왔다가 심장이 수축할 때 그 힘으로 뿜어 나와 드넓은 혈관망을 통해 온몸으로 전달된다. 피는 각 세포에 다다르면 산소와 영양소를 전달하고, 이산화탄소 같은 노폐물을 받아 온다. 산소를 잃은 피는 다시 허파와 호흡계로 돌아가서 이산화탄소를 허파에 전달하여 밖으로 내보낸다. 이와 같은 생명 유지를 위한 핵심 과정은 우리가 자고 있는 동안에도 계속되며, 우리 몸은 매일 1만 4,000리터의 피를 온몸으로 뿜어낸다.

───────── 그림 설명 ─────────

1: 심장

2: 동맥계
피를 심장에서 온몸의 조직으로 운반하는 혈관인 동맥들의 집합이다.
a) 오름대동맥
b) 빗장밑동맥
c) 위팔동맥
d) 노동맥
e) 자동맥
f) 내림대동맥
g) 온엉덩동맥

h) 넙다리동맥
i) 오금동맥
j) 앞정강동맥
k) 온목동맥

3: 정맥계
피를 심장으로 운반하는 혈관인 정맥들의 집합이다.
a) 위대정맥
b) 빗장밑정맥
c) 자쪽피부정맥
d) 팔오금중간정맥

e) 노쪽피부정맥
f) 아래대정맥
g) 온엉덩정맥
h) 넙다리정맥
i) 오금정맥
j) 앞정강정맥
k) 속목정맥

4: 허파(폐)

5: 기관(숨관)

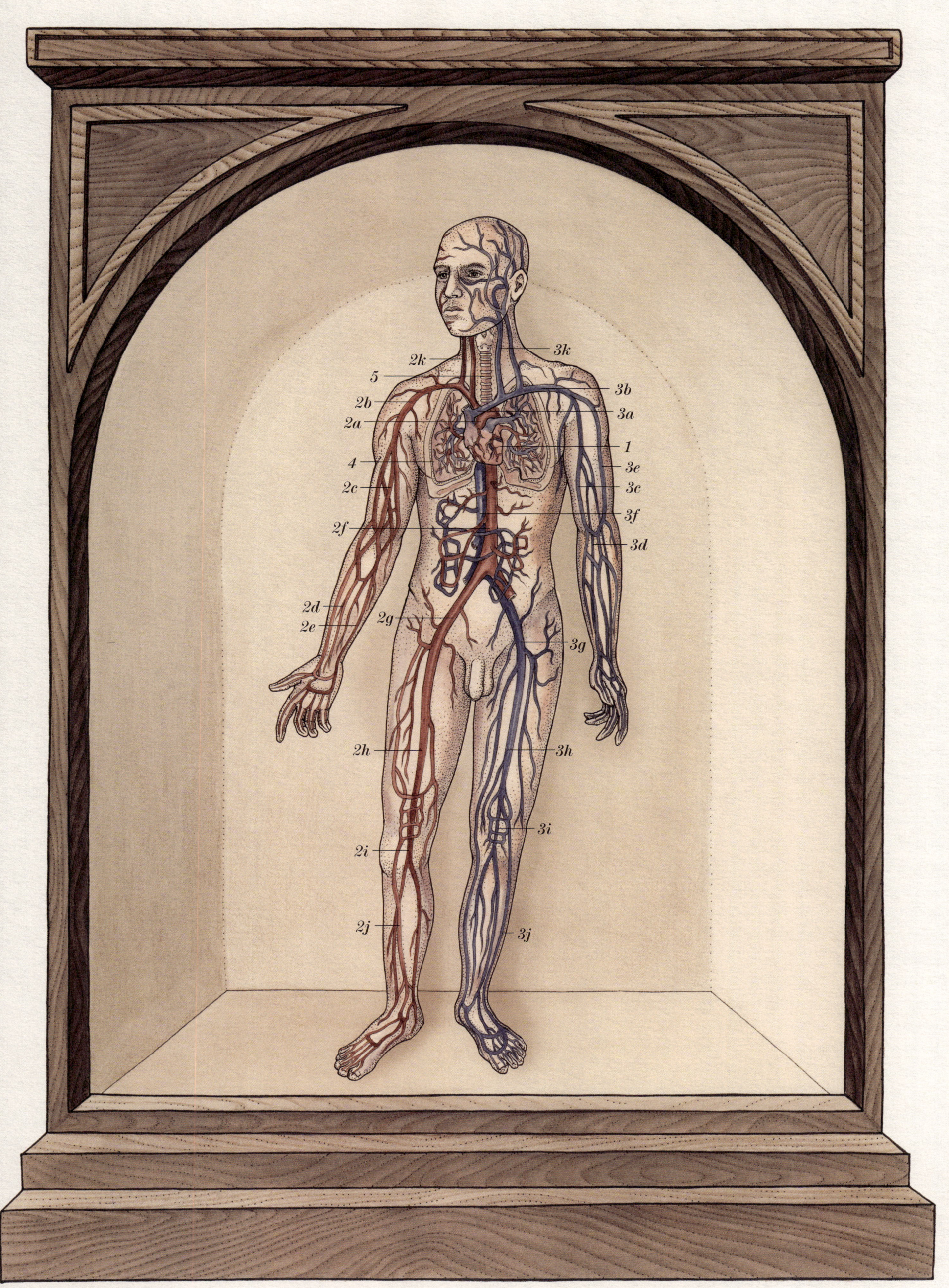

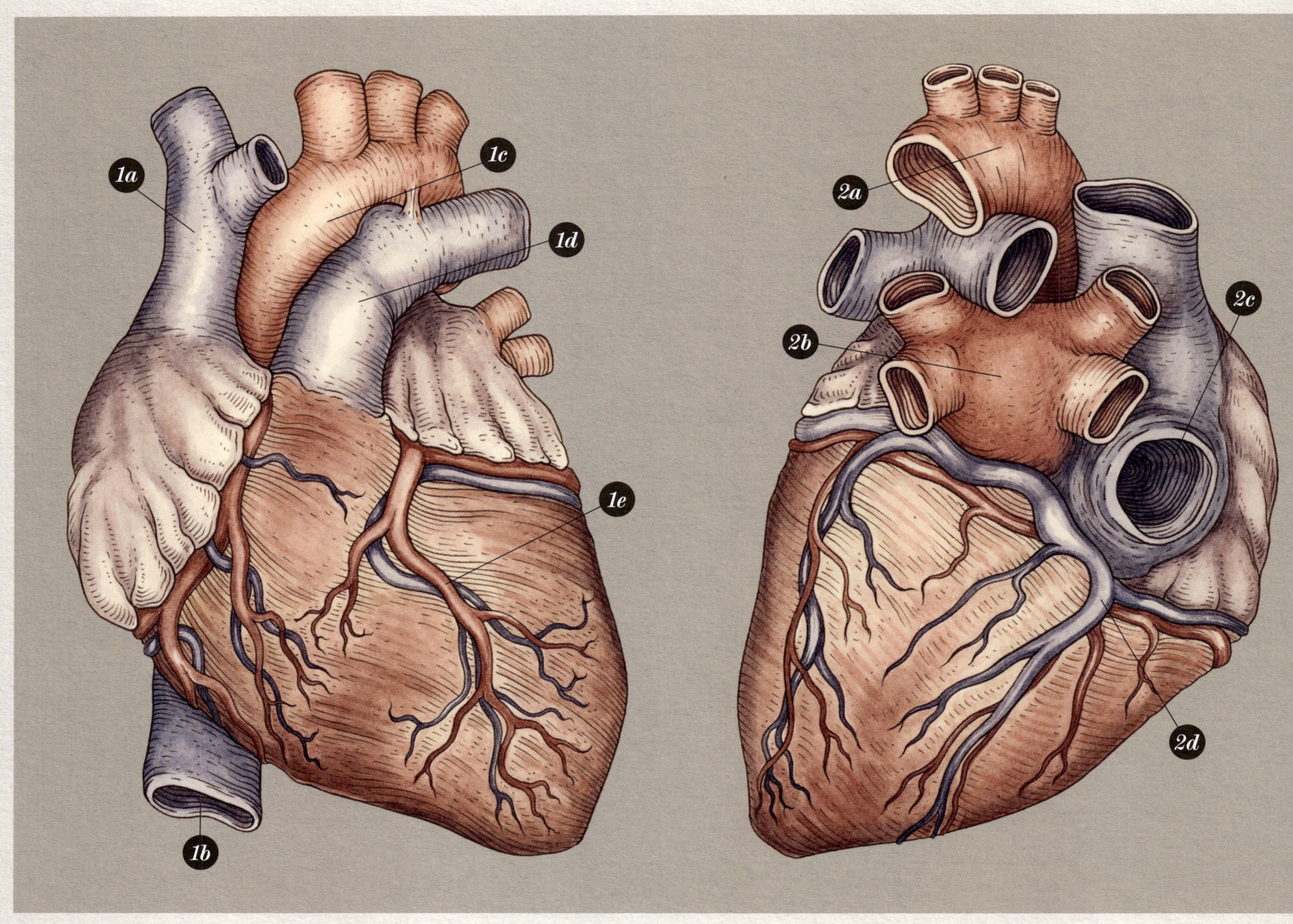

심혈관계와 호흡계

심장

심장은 몸에서 가장 열심히 일하는 근육이다. 매일 10만 번 넘게 뛰면서 온몸으로 피를 보낸다. 심장은 가슴우리 안의 두 허파 사이에 놓여 있고, 크기는 주먹만 하다. 심장은 아주 특수한 펌프로서 생명 유지에 필수 역할을 한다. 사실 심장에는 양쪽에 하나씩 두 개의 펌프가 있으며, 양쪽 펌프는 하는 일이 다르다. 심장의 오른쪽 펌프는 피를 허파로 보낸다. 허파로 간 피는 산소를 받는다. 산소를 받은 피는 심장으로 돌아온다. 왼쪽 펌프는 허파에서 심장으로 돌아온 피를 온몸으로 보낸다. 심장에는 오른쪽과 왼쪽을 나누어서 양쪽 펌프의 피가 섞이지 않도록 하는 사이막이란 두꺼운 벽이 있다. 심장은 양쪽이 비슷하게 생겼지만, 왼쪽이 좀 더 두껍고 튼튼하다. 피를 높은 압력으로 온몸으로 밀어내야 하기 때문이다.

심장의 펌프 작용은 벽에 있는 심장근이 일으킨다. 이 근육이 수축하면서 심장을 쥐어짜면 피가 심장 밖으로 밀려 나간다. 심장 안에는 방이 4개 있으며, 아래쪽에는 심실이 2개, 위쪽에는 심방이 2개 있다. 심장이 고동 칠 때, 먼저 두 심방이 수축하면서 피가 아래쪽 심실로 밀려 내려간다. 이어서 심실이 수축하면서 피를 심장 밖으로 뿜어낸다. 수축한 뒤에 심장근은 이완되며, 그러면 심장 안에 피가 다시 채워진다. 이어서 다시 수축이 일어난다. 이 주기가 한 번 완성되는 데 걸리는 시간은 1초도 안 된다.

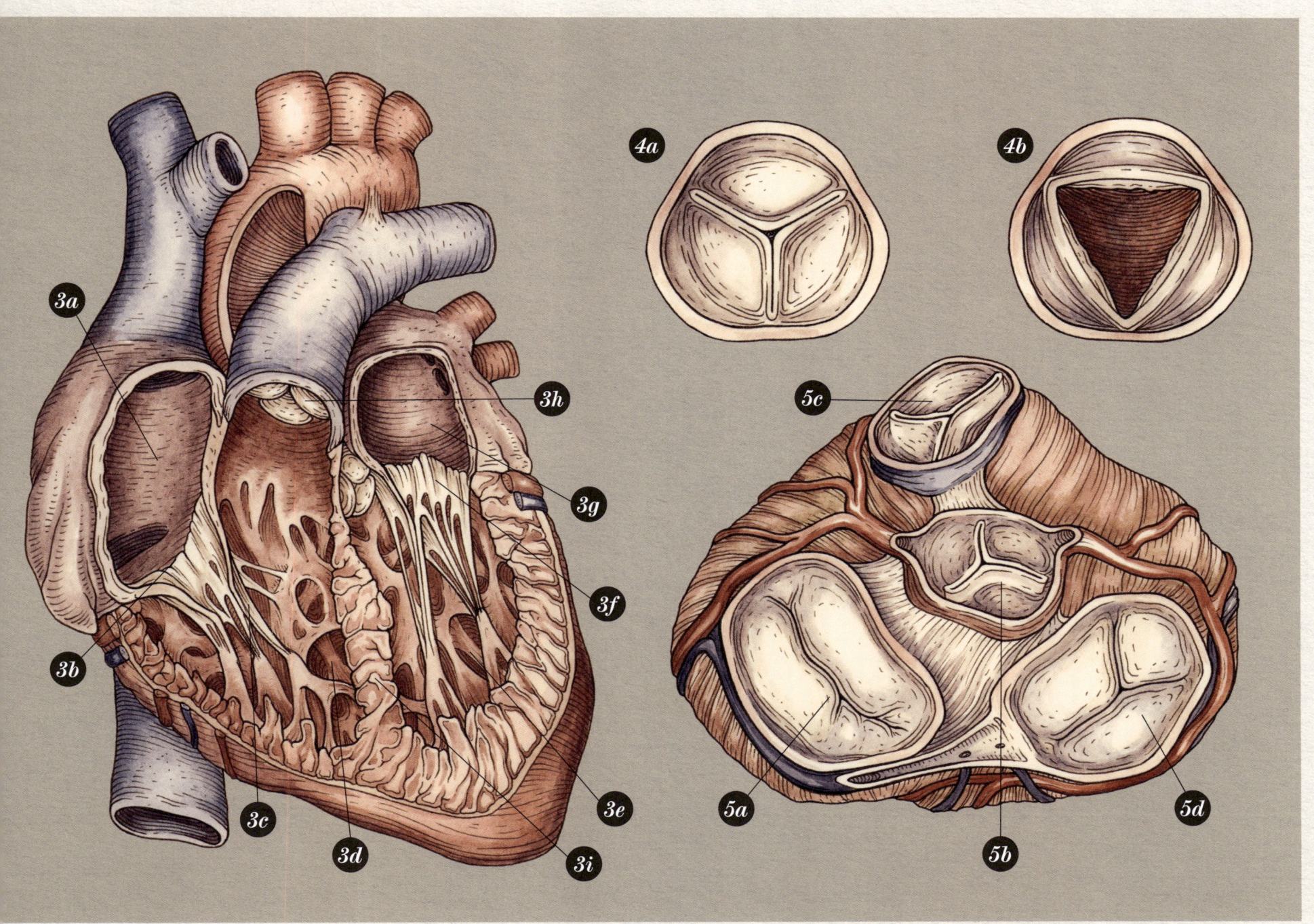

심장에서는 피가 한 방향으로만 흐르는 것이 아주 중요하다. 피가 거꾸로 흐르지 못하도록 심방과 심실 사이, 심장으로 피가 들어오고 나가는 혈관에는 특수한 판막이 있다. 이 판막은 들창문처럼 작용하여 피가 거꾸로 흐르려 할 때에는 닫힌다. 그럼으로써 피가 한 방향으로만 흐르게 한다. 심장이 뛰면서 두근거리는 소리는 바로 이 판막들이 열렸다가 닫히는 소리다.

그림 설명

1: 심장, 앞면
a) 위대정맥
b) 아래대정맥
c) 오름대동맥(몸으로)
d) 허파동맥(허파로)
e) 심장벽에 피를 공급하는 심장혈관

2: 심장, 뒷면
a) 대동맥활
b) 좌심방
c) 아래대정맥을 통한 우심방 입구
d) 심장벽에서 피가 빠져나가는 심장혈관

3: 심장, 내부 구조, 앞면
a) 우심방
b) 오른방실판막
c) 힘줄끈(심장 힘줄)
d) 우심실
e) 좌심실
f) 승모판막
g) 좌심방
h) 허파동맥판
i) 심실사이막

4: 심장 판막
심실과 심방 사이, 심실과 혈관 사이에 있는 판막은 피가 거꾸로 흐르지 않게 막는다.
a) 닫힘
b) 열림

5: 심장, 판막도 함께, 윗면
a) 승모판막
b) 대동맥판막
c) 허파동맥판
d) 오른방실판막

심혈관계와 호흡계

피

피(혈액)는 수십억 개의 세포로 이루어진다. 이 세포들은 모두 혈장이라는 액체 속에서 떠다닌다. 혈장은 물에 단백질, 염분, 영양소, 호르몬이 섞여 있는 혼합물이다. 혈액세포(혈구)의 약 99퍼센트는 적혈구다. 헤모글로빈이라는 빨간 색소가 들어 있다. 헤모글로빈은 산소 분자와 결합하여 산소를 온몸으로 운반한다. 반면에 백혈구는 혈액세포의 0.2퍼센트를 차지한다. 백혈구는 군대처럼 온몸을 순찰하면서, 병균을 공격하고 손상된 세포를 제거한다. 피에 든 나머지 세포는 혈소판(0.08퍼센트)으로서, 상처가 났을 때 출혈을 막는 역할을 한다. 혈소판은 피를 엉기게 하여 끈적거리게 함으로써, 상처 부위를 보호하는 피딱지를 형성한다.

혈관이라는 드넓은 연결망은 머리에서 발끝까지, 피를 온몸의 구석구석으로 운반한다. 혈관을 한 줄로 죽 이어 붙이면 12만 킬로미터를 넘을 것이다. 지구를 세 바퀴쯤 감을 만큼 길다. 이 연결망 내에서 동맥은 심장에서 온몸으로 피를 운반하고, 정맥은 피를 심장으로 운반하며, 모세혈관은 동맥과 정맥을 연결한다.

모든 혈관의 벽은 민무늬근으로 되어 있다. 동맥의 벽이 가장 두껍다. 심장에서 높은 압력으로 뿜어 나오는 피를 보내려면 튼튼해야 하기 때문이다. 동맥은 심장에서 멀어지면서 점점 더 작은 세동맥으로 나뉘고 또 나뉘면서 나뭇가지들처럼 뻗어나간다. 조직에 다다를 즈음에는 가장 좁은 혈관이 된다. 바로 모세혈관이다. 모세혈관의 벽은 세포 하나 두께로 얇아서, 산소와 이산화탄소가 쉽게 세포와 피 사이를 오갈 수 있다. 모세혈관을 지난 피는 세정맥이라는 작은 정맥으로 흘러간다. 세정맥은 심장에 가까워질수록 점점 굵어진다. 정맥은 동맥보다 벽이 훨씬 얇다. 정맥을 지나가는 혈액의 압력이 훨씬 낮기 때문이다. 정맥 속의 판막은 피가 한 방향으로만 흐르고, 거꾸로 흐르지 못하게 막는다. 특히 발에서부터 산소가 없는 피를 중력을 거슬러 심장까지 밀어 올리려면 판막이 아주 중요하다.

그림 설명

1: 동맥
이 혈관은 벽이 두꺼우며, 심장에서 나온 피를 온몸으로 운반한다. 몸 곳곳으로 뻗어가면서 점점 더 작은 가지로 갈라지다가 이윽고 모세혈관과 만난다. 몸에서 가장 큰 동맥은 대동맥이다. 어른의 대동맥은 굵기가 2~3cm이고, 길이가 30cm다. 대동맥은 심장에서 가슴과 배로 뻗어 있다.

2: 모세혈관계
아주 가늘어서 모세혈관이라고 하는 작은 혈관들의 집합은 모세혈관계를 이룬다. 기체와 영양소의 교환이 일어나는 곳이다.

3: 정맥
이 근육질 관은 동맥보다 더 얇고 더 잘 늘어나며, 지름이 훨씬 더 크다. 심장으로 돌아가는 피가 거꾸로 흐르지 않도록 막는 판막이 들어 있다.

4: 피의 성분
a) 혈장: 피를 흐르게 하는 묽은 액체로서, 호르몬과 영양소가 섞여 있다.
b) 적혈구: 이 납작한 원반 모양의 세포는 헤모글로빈이라는 색소에 산소를 결합시켜서 온몸으로 운반한다. 피가 빨간색인 이유는 헤모글로빈 때문이다. 적혈구는 골수에서 계속 새로 만들어지며, 몸에서 약 120일 동안 돌아다니다가 지라에서 분해된다.
c) 백혈구: 면역계에 속하며, 감염에 맞서 싸우는 일을 돕는다(78쪽 참조).
d) 혈소판: 상처가 난 부위에 모여서 출혈을 막는 피딱지를 형성하는 작은 세포다.

심혈관계와 호흡계

숨길

허파가 산소를 받으려면, 공기가 몸속으로 들어와야 한다. 이와 같은 공기의 몸속 여행은 콧구멍에서 시작된다. 코에 난 두 구멍으로써 수백 개의 작은 털들이 들어차 있는 곳이다. 숨을 들이마실 때 코털은 여과지 역할을 하여 먼지 같은 것들이 허파로 들어오지 못하게 막는다. 콧구멍을 지난 공기는 코 뒤쪽 공간인 코안으로 들어온다. 코안에서는 끈적거리는 점액이 공기에 남은 먼지를 거른다.

코안에 있던 공기는 인두(목)을 통해 후두로 향한다. 후두는 말할 때 소리를 내는 곳이다. 후두에는 성대라는 두 개의 작은 판이 있는데, 공기가 그 사이로 지날 때마다 떨린다. 말하거나 소리치거나 노래할 때 성대가 열렸다 닫혔다 하면서 소리를 바꾸어 낸다. 말할 때 나는 여러 가지 다른 소리는 대부분이 입과 입술이 만들어 내고, 후두는 목소리의 음량과 높낮이 조절을 맡는다.

후두를 지난 뒤, 공기는 기관(숨관)으로 들어간다. 기관에는 고리 모양의 연골들이 들어 있어서 들쭉날쭉한 모양이다. 이 연골은 공기가 허파까지 들어가는 통로를 늘 열어 놓는 역할을 한다. 맨 아래쪽에서 기관은 둘로 갈라져서 기관지(숨관가지)가 되며, 각 기관지는 양쪽 허파와 이어진다.

인체 구조의 주된 결함 한 가지는 음식물과 공기가 같은 통로로 들어간다는 것이다. 그 통로는 바로 입과 목이다. 음식이 입으로 들어가면, 몸은 후두덮개라는 들창문을 써서 위장으로 보낸다. 음식물이 실수로 기관으로 들어가면, 캑캑거리기 시작한다. 대개는 기침을 통해 허파에서 공기를 세차게 내뿜어서 잘못 들어간 음식물을 밀어낸다. 그렇지 못하면 공기가 허파로 들어가지 못해서 죽을 수도 있다.

그림 설명

1: 위쪽 숨길, 단면
a) 콧구멍
b) 코안
c) 인두
d) 후두
e) 성대
f) 나비뼈 동굴

2: 성대, 윗면
a) 열린 모습: 정상적으로 호흡하는 동안 열려서 공기가 쉽게 지나간다.
b) 닫힌 모습: 닫힐 때에는 좁은 틈새로 공기가 지나가면서 소리가 난다. 성대의 위치에 따라서 목소리의 높낮이와 크기가 달라진다.

3: 후두, 윗면
a) 목뿔뼈: 몸에서 다른 뼈에 연결되지 않은 유일한 뼈다. 대신에 막을 통해서 다른 구조들에 붙어 있다.
b) 방패 연골(예전 용어는 갑상 연골): 방패 모양으로 생긴 연골이다. 이 방패 연골은 남성의 목에서 더 불룩 튀어나와서 후두 융기를 만든다. (울대뼈라고도 한다.)
c) 반지 연골: 막을 통해 기관과 연결되어 있다.
d) 기관: C자 모양의 연골들이 죽 늘어서 있어서 늘 열려 있는 모습이다.

4: 후두의 단면, 뒷면
a) 후두덮개: 목에 있는 덮개로 음식물을 삼킬 때 후두를 닫아서 음식물이 허파로 들어가지 못하게 막는다.
b) 방패 연골
c) 모뿔 연골: 한 쌍의 상어 지느러미처럼 튀어나와 있으며, 성대의 움직임을 일으킨다.
d) 반지 연골
e) 기관근: 재채기나 기침을 할 때 후두를 수축시키는 근육이다.

5: 아래쪽 숨길
a) 기관(숨관)
b) 기관 용골: 기관이 두 개의 기관지로 갈라지는 곳
c) 기관지(숨관가지): 공기가 기관을 지나 허파로 들어가는 통로로서, 갈수록 점점 더 작은 통로로 갈라진다.

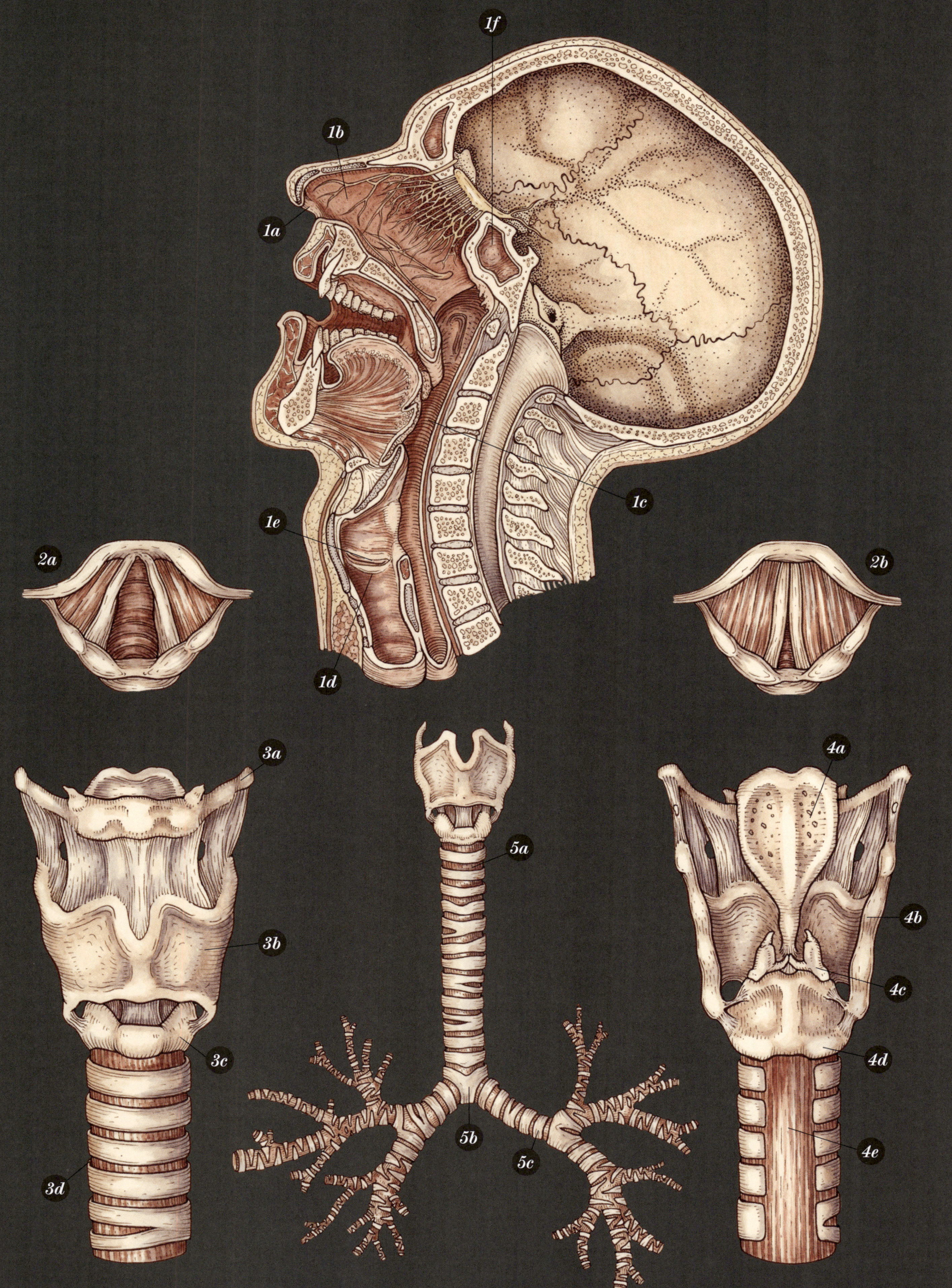

심혈관계와 호흡계

허파

세포가 건강하게 살아 있도록 하기 위해, 우리는 매일 1만 리터가 넘는 공기를 호흡한다. 이만큼의 공기를 마시고 내보내는 일을 맡은 기관이 바로 허파(폐)다. 이 한 쌍의 기관은 1분에 약 15회의 속도로 공기를 호흡하면서, 들이마신 공기의 산소를 혈액으로 전달하고, 혈액의 이산화탄소를 공기로 전달하여 내보낸다.

공기는 일단 허파로 들어오면, 점점 더 갈라지면서 좁아지는 통로를 따라서 더욱 깊숙이 들어간다. 이윽고 공기는 허파꽈리(폐포)라는 작은 주머니에 다다른다. 허파꽈리들이 달려 있는 모습은 포도송이와 비슷하다. 허파꽈리는 모세혈관(32쪽 참조)이라는 작은 혈관으로 뒤덮여 있다. 허파꽈리와 모세혈관의 벽은 세포 하나 두께(1000분의 1밀리미터 미만)에 불과하므로, 기체가 피로 쉽게 오갈 수 있다. 어른의 허파에는 수억 개의 허파꽈리가 있다. 가능한 한 많은 기체를 빠르게 교환하기 위해서 표면적을 엄청나게 넓혔다는 의미다. 허파의 표면적은 테니스장보다 더 넓다고 추정된다!

양쪽 허파는 가슴우리 안에 들어 있다. 오른쪽 허파는 세 부분, 즉 3엽으로 나뉘어 있다. 왼쪽 허파는 2엽이라서 오른쪽 허파보다 약간 작다. 심장이 두 허파 사이에 딱 맞게 들어갈 공간을 마련하기 위해서 그렇다. 가로막이라는 커다란 돔 모양의 근육은 허파 바로 밑에 자리하여 허파를 배에 있는 기관들과 분리한다. 가로막은 들숨 때, 즉 숨을 들이킬 때 아래로 당겨져서 편평해지면서 가슴속 공간을 늘린다. 동시에 가슴우리가 위로 올라오면서 허파가 풍선처럼 부풀면서 공기로 가득 채워진다. 날숨 때, 즉 숨을 내쉴 때는 가로막이 이완되어 올라가면서 허파가 눌려서 공기가 빠져나간다. 이 과정은 쉴 때는 1분에 12~20번 이루어지고, 운동하면서 호흡이 가빠질 때는 더 빨라진다.

―――――――――――――――――― 그림 설명 ――――――――――――――――――

1: **허파**
a) 기관
b) 기관지
c) 세기관지
d) 가슴막: 허파를 감싸고 있는 두 겹의 얇은 막이며, 막과 막 사이에 액체가 차 있다. 허파가 부풀었다 쭈그러들었다 할 때 매끄럽게 움직이도록 돕는다.
e) 오른쪽 허파
f) 왼쪽 허파

2: **허파꽈리**
a) 세정맥
b) 세동맥
c) 모세혈관계
각 허파에 있는 수백만 개의 허파꽈리는 작은 포도송이 모양으로 모여 있다. 혈액과 허파꽈리에 든 공기 사이에 기체가 쉽게 전달될 수 있도록 모세혈관이 허파꽈리를 온통 뒤덮고 있다.

3: **허파꽈리 단면**
포도송이처럼 생긴 덩어리 안에 허파꽈리가 수십 개씩 들어 있다. 허파꽈리의 벽은 세포 한 층 두께라서, 산소가 혈액으로 아주 쉽게 들어갈 수 있다.

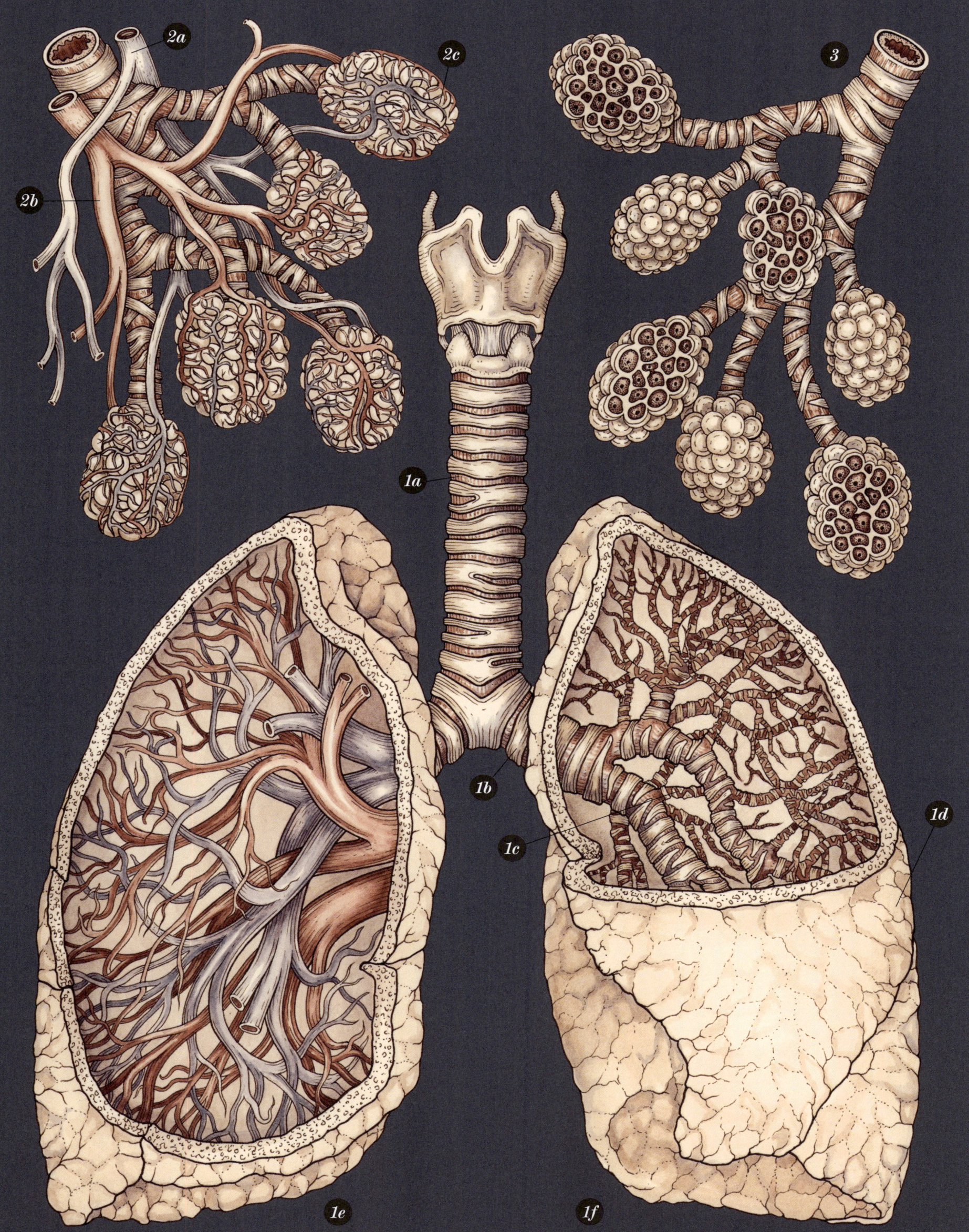

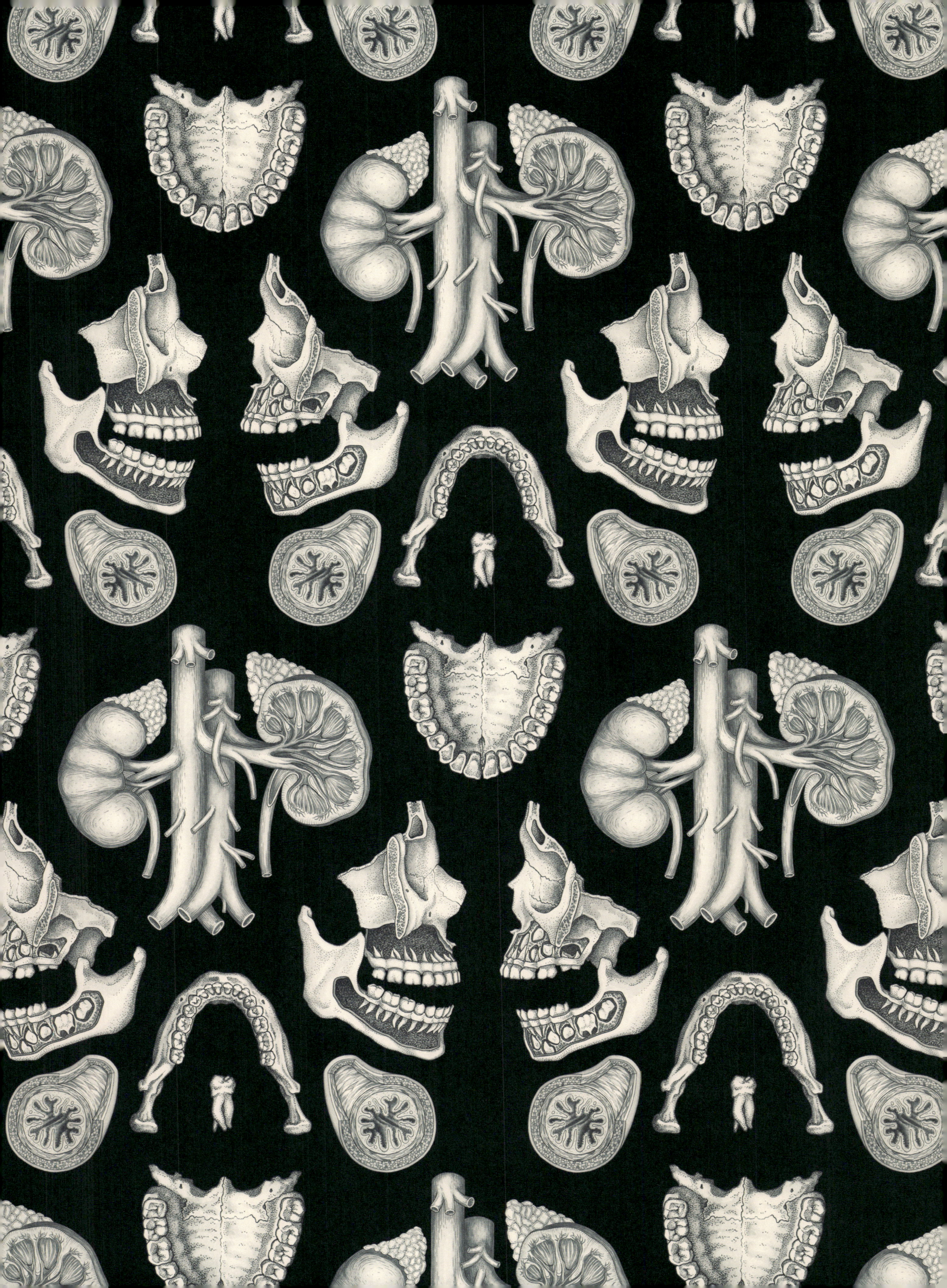

인체 박물관

3 전시실

소화계와 비뇨계

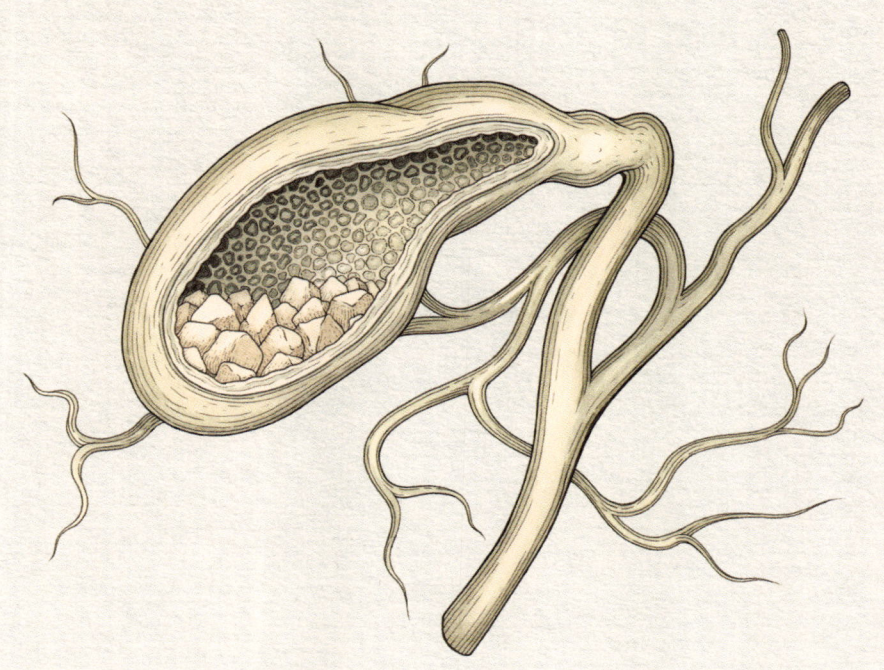

소화계
입과 목
이
위장
창자
간
이자와 쓸개
비뇨계
콩팥

소화계와 비뇨계

소화계

소화계는 탁월한 음식물 처리 시설이다. 끊임없이 음식물을 받아서 분해하여 우리가 필요로 하는 영양소를 빼내고, 남은 찌꺼기를 내보낸다. 이 계통의 중심은 소화관이다. 소화관은 길이가 7미터에 달하는 근육질 관으로서, 대부분은 배에 몰아서 들어가 있다. 소화관은 7개 기관이 죽 연결된 것이며, 입에서 항문까지 하나로 이어진 통로를 이룬다.

음식물은 입을 통해 몸으로 들어온다. 입이 음식을 씹어서 삼키면, 인두(목)를 통해 식도를 지나 위장으로 들어간다. 위장에서 음식물은 섞고 짓이겨져서 진한 죽처럼 변한 뒤, 작은창자와 이어서 큰창자로 간다. 창자는 소화된 음식에서 필수 영양소를 흡수하여 혈액으로 보낸다. 남은 찌꺼기는 큰창자에서 모여서 대변이 되었다가, 곧은창자와 항문을 통해 배설된다.

음식물을 분해하여 에너지를 생산하는 과정을 소화라고 한다. 소화의 주된 일은 복잡한 음식 분자를 몸이 쓸 수 있는 작은 분자로 분해하는 것이다. 먼저 음식물은 기계적으로 소화된다. 입에서 씹고 위장에서 근육을 통해 짓이기고 섞으면서 부서지고 으깨져서 점점 더 작은 덩어리로 물리적으로 쪼개진다. 음식물은 화학적으로도 소화된다. 효소라는 특수한 분자는 지방, 단백질, 탄수화물 같은 영양소를 새로운 분자를 만드는 데 쓰일 아미노산과 에너지를 생산하는 데 쓰일 포도당 같은 더 작은 분자로 분해한다. (효소는 입의 침에도 들어 있고, 위장과 창자에서 분비되는 액체에도 섞여 있다.)

소화관이 음식물이 몸속을 지나는 주된 통로이긴 하지만, 소화관만 일을 하는 것이 아니다. 간, 쓸개, 이자는 특수한 화학 물질을 소화관으로 분비함으로써 소화를 돕는다. 먹고, 소화하고, 배설하는 복잡한 과정은 모두 신경 신호와 호르몬의 통제를 받는다. 감정도 소화계에 영향을 미칠 수 있다. 그래서 우리는 초조할 때 배가 살살 아프거나 흥분할 때 속이 불편해지곤 한다.

그림 설명

1: 입(구강)
소화계의 입구로서, 음식물이 몸으로 들어가는 곳이다.

2: 인두(목)
입을 식도와 연결한다.

3: 식도
인두와 위장을 연결하는 긴 근육질 관이다.

4: 위장
음식물을 저장하고 소화하는 커다란 근육질 주머니이다.

5: 작은창자
위장을 큰창자와 연결하는 긴 통로이다. 소화된 음식물이 작은창자를 지나가는 동안 영양소가 흡수되어 혈액으로 들어간다.

6: 큰창자
작은창자에서 소화되고 남은 찌꺼기는 큰창자를 지나간다. 이때 남은 물이 흡수되어 혈액으로 들어간다. 남은 찌꺼기는 곧은창자와 항문을 거쳐서 몸 밖으로 배설된다.

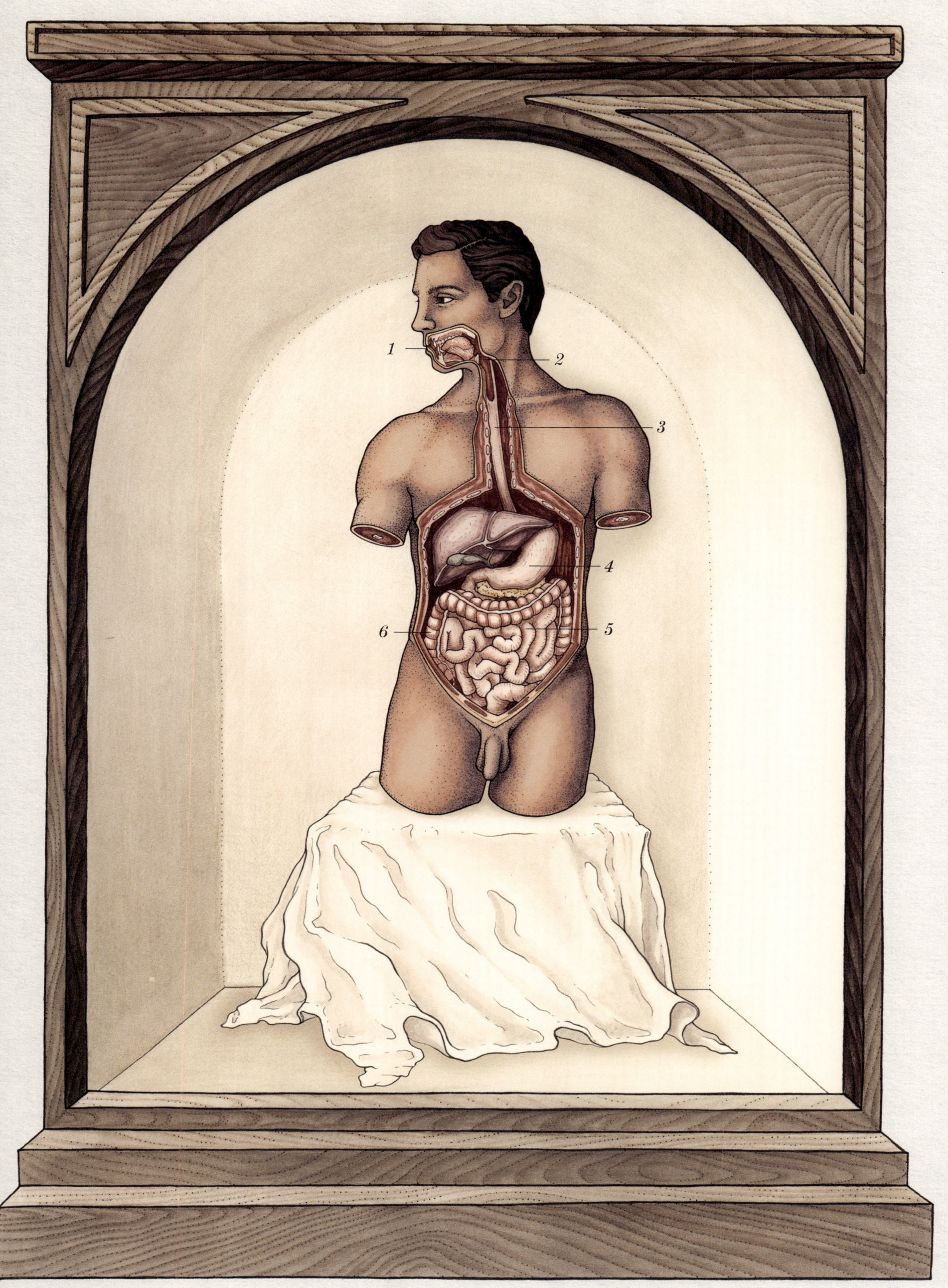

소화계와 비뇨계

입과 목

입이라고 주로 일컫는 구강은 몸의 입구다. 입안은 모든 음식물이 소화관 여행을 시작하는 곳이다. 음식물을 한 입 깨물기 전부터, 몸은 소화할 준비를 시작한다. 음식을 요리하는 냄새를 맡거나 맛있는 것을 먹을 생각만 해도, 침샘은 활동하기 시작한다. 침샘에서 침이라는 묽은 액체를 뿜어내어 말 그대로 입을 축축하게 적신다. 침은 하루에 평균 2리터 넘게 나온다. 침은 음식을 축축하고 부드럽게 만들어서 삼키기 쉽게 한다. 그뿐 아니라, 침에는 음식물에 든 복잡한 분자를 분해하는 효소라는 화학 물질도 들어 있다. 또 입에서는 이가 음식물을 기계적으로 짓이겨 부드럽게 하고, 혀도 협력하여 음식물을 삼키기 쉽게 미끄러운 둥근 덩어리로 만든다.

미끄러운 음식 덩이를 삼키는 순간에는 목 위쪽에서 중요한 안전 메커니즘이 작동한다. 음식물이 식도로 미끄러지는 동안, 후두덮개라는 작은 들창문이 움직여 기관(숨관) 입구를 막아 준다. 그래서 음식물이 호흡계로 잘못 들어가는 일이 없도록 한다. 때로는 후두덮개가 실수를 하여 음식물이 잘못된 길, 기관으로 내려가기도 한다. 그럴 때는 캑캑 기침을 여러 번 해서 기관으로 들어온 음식물을 다시 위로 밀어낸다.

음식 덩이는 후두덮개를 지나서 긴 근육질 관인 식도로 내려간다. 식도는 음식물이 그냥 쑥 미끄러져 내려가는 통로가 아니라, 근육으로 조여서 음식 덩이를 위장으로 밀어내는 관이다. 그래서 우리가 물구나무를 선 상태에서도 음식물은 위장으로 들어간다!

--- 그림 설명 ---

1: 입(구강)
a) 이: 32개의 이는 음식물을 찢고 갈고 짓이겨 작게 잘라서 삼키기 좋게 한다.
b) 혀: 이 근육질 기관은 여러 개의 근육으로 되어 있으며, 가장 큰 근육은 턱끝혀근이다. 음식을 삼킬 때 혀는 음식물을 둥근 덩이로 만들어서 입 뒤쪽으로 밀어낸다.

2: 인두(목)
a) 음식 덩이
b) 후두덮개: 대개 호흡계에 속한다고 본다. 하지만 후두덮개는 소화계에서도 중요한 역할을 한다. 음식을 삼킬 때 후두를 덮어서 음식물이 기관으로 들어가지 않게 막는다.

3: 식도
길이 약 25cm에 이르는 근육질 관으로 목에서 위장까지로 이어져 있고, 음식 덩이를 위장으로 보낸다.

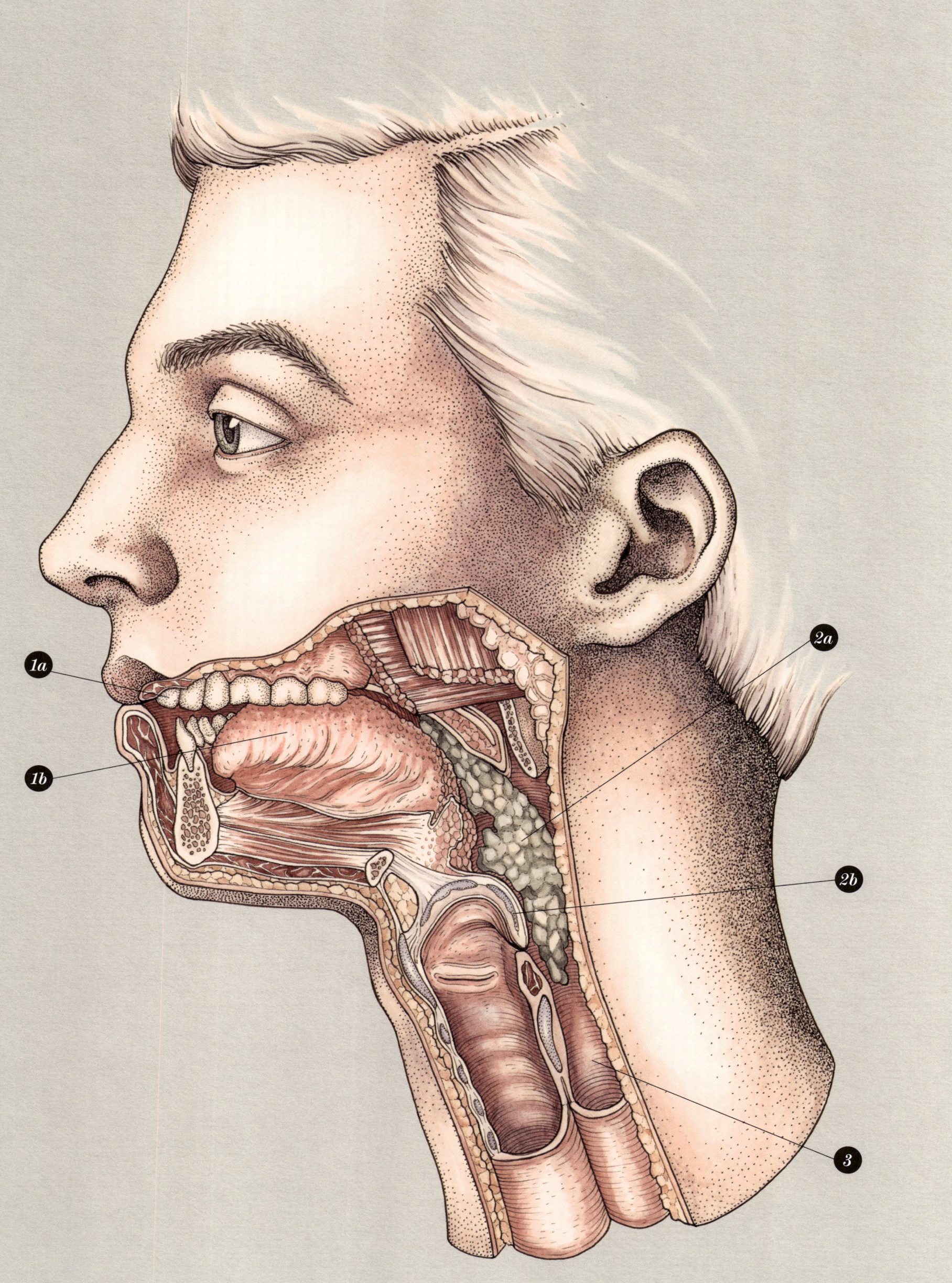

소화계와 비뇨계

이

어른의 입에는 이(치아)가 32개 있으며, 위턱과 아래턱에 각각 한 줄로 가지런하게 나란히 배열되어 있다. 이는 음식물을 삼키기 좋게 부드럽고 매끄럽게 만드는 일을 한다.

아기는 대개 태어날 때는 이가 없으며, 생후 6개월쯤에 첫 이가 나기 시작한다. 이는 천천히 나서 세 살쯤에는 젖니 20개가 다 난다. 아이가 자라면서 젖니는 하나씩 빠지고, 그 밑에 있던 영구치가 올라온다. 대다수의 사람들이 30대에 들어설 무렵이면, 가장 안쪽에 있는 사랑니 4개를 포함하여 총 32개의 이가 나 있다. 사랑니는 십대 이후로 나기 시작하는데, 잘못 자라서 뽑아야 할 때도 있다! 젖니가 빠진 후 나온 영구치는 평생 지니고 살아간다. 한번 빠지면 새로 나지 않기 때문이다. 이가 썩거나 닳아서 구멍이 나면 치과에 가서 때우는 치료를 받아야 한다. 이가 너무 심하게 썩거나 부딪혀서 심하게 깨진다면, 아예 뽑아내야 할 수도 있다.

이는 모양과 위치에 따라서 하는 일이 다르다. 입의 앞쪽에 앞니가 있다. 앞니는 음식을 쉽게 자르는 얇고 날카로운 이다. 앞니 옆에는 송곳니가 있다. 송곳니는 뾰족하며, 음식물을 깨물거나 찢거나 꽉 무는 데 쓴다. 입 뒤쪽에 있는 작은어금니와 어금니는 위쪽이 납작하고 네모지게 생겼다. 특히 어금니는 씹을 때 음식을 짓이기고 가는 용도에 딱 맞는 모양이다.

이는 몇 층으로 이루어져 있다. 가장 바깥의 법랑질(에나멜)은 치아머리를 감싸는 보호 갑옷과 같은 역할을 하며, 칼슘 같은 광물질 함량이 높기 때문에 흰색을 띤다. 법랑질 안에는 상아질이 있다. 상아질은 이 한가운데의 치아 속질을 보호하는 단단한 물질이다. 치아 속질은 이의 민감한 혈관과 신경을 감싸고 있는 부드러운 완충재이다. 이의 아래쪽, 즉 치아뿌리는 잇몸 아래로 턱뼈 깊숙이 박혀 있다. 각 이는 시멘트질로 덮여 있는 섬유 관절로 턱뼈에 박혀 있다. 이름 그대로 시멘트질은 이를 단단히 고정시켜 준다.

그림 설명

1: **어른 머리뼈**
치아뿌리는 턱뼈 깊숙이 박혀 있다.

2: **아이 머리뼈**
젖니 아래에서 발달하고 있는 영구치를 볼 수 있다. 영구치는 아이 때 젖니를 밀고 올라오며, 젖니는 이윽고 밀려나서 빠진다.

3: **어른 치아의 종류**
a) 어금니(12개): 어른이 되어서 나오는 사랑니를 포함하여 어금니는 갈고 짓이기는 데 알맞은 납작하고 넓적한 모양이다.

b) 작은어금니(8개): 어금니보다 크기가 조금 작으며, 어금니와 마찬가지로 음식물을 갈고 짓이기기는 데 쓰인다.

c) 송곳니(4개): 위아래 턱의 좌우 양쪽에 1개씩 있다. 날카롭고 뾰족한 끝으로 음식물을 물거나 찢는 데 쓰인다.

d) 앞니(8개): 위아래 턱에 4개씩 있다. 납작하고 얇은 모양이라서 칼처럼 자르는 데 알맞다.

4: **위턱의 아랫면, 아래에서 본 모습**

5: **아래턱의 윗면, 위에서 본 모습**

6: **이의 구조**
a) 법랑질: 이의 단단한 바깥층
b) 상아질: 법랑질 안쪽 층
c) 속질: 혈관, 세포, 신경이 들어 있는 부드러운 속
d) 뿌리: 잇몸에 가려진 아래쪽
e) 시멘트질: 치아뿌리를 감싸며, 치아를 턱에 단단히 고정시키는 단단한 물질

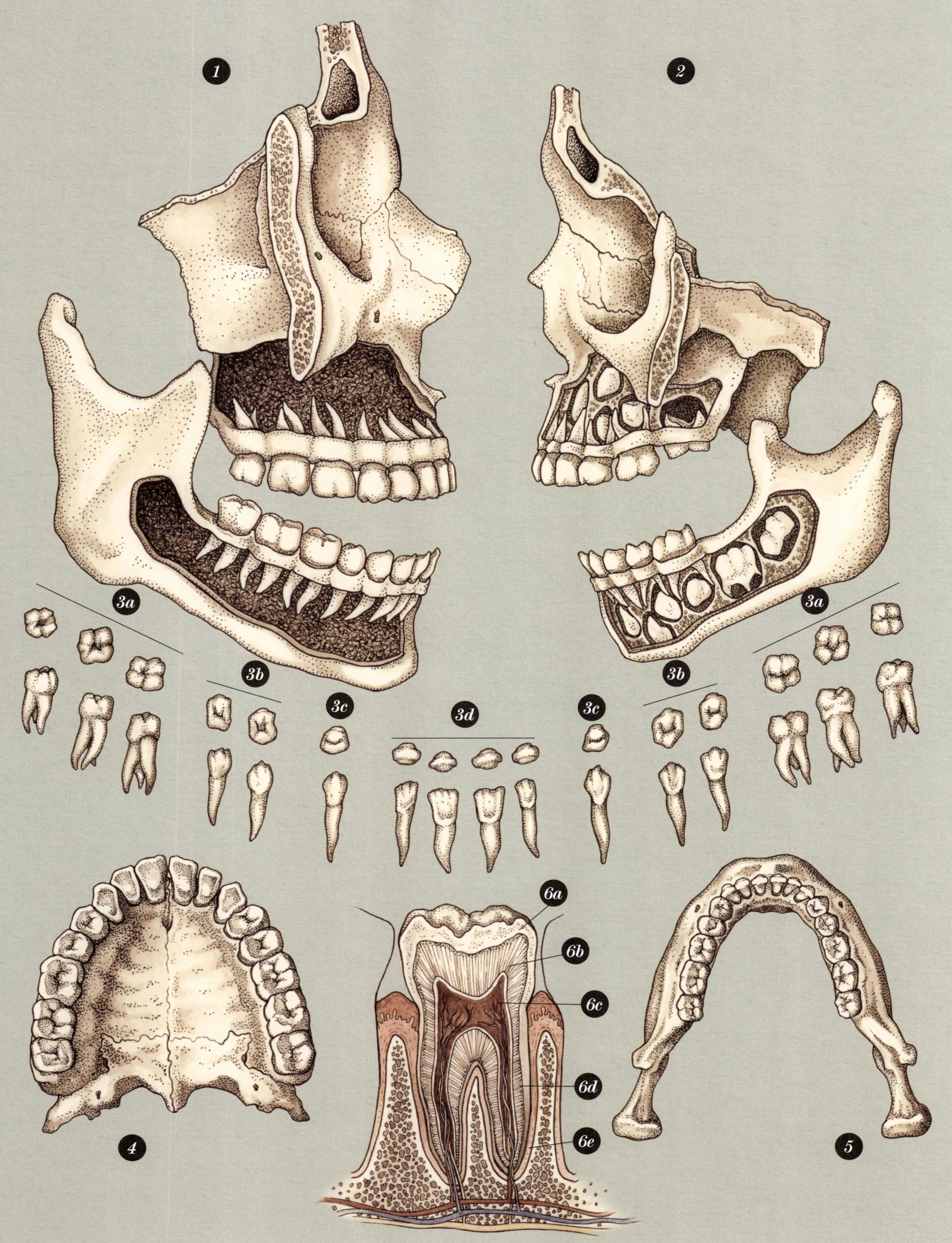

소화계와 비뇨계

위장

삼킨 음식은 위장(위)으로 들어간다. 위장은 배의 왼쪽 위에 자리하는, 살짝 굽은 모양의 근육질 주머니다. 위장은 우리가 먹은 음식을 저장하는 동시에 위산을 끼얹으며 마구 뒤섞는다. 그러면 음식물은 미즙이라는 걸쭉한 크림색 죽이 된다. 그 미즙을 소화관의 다음 기관으로 넘긴다.

위장의 벽에 있는 세포들은 매일 약 1.5리터의 위산(위액)을 분비한다. 위산은 긴 분자를 작은 분자로 분해하여 음식물을 화학적으로 소화한다(40쪽 참조). 또 음식물에 들어 있는 위험한 세균을 죽이는 일도 한다. 위벽을 뒤덮은 점액층은 위벽이 위산에 손상되지 않게 막는다. 감염 때문에 점액 생산이 중단될 수도 있다. 그러면 위산이 위장을 공격하여 구멍이 나거나 고통스러운 위궤양이 생길 수 있다.

위벽은 3층으로 배열된 민무늬근으로 되어 있다. 각 근육층의 근섬유들은 좌우, 위아래, 대각선이라는 서로 다른 방향으로 배열되어 있다. 그래서 위장은 수축할 때 뒤섞는 운동을 일으켜서 죽 같은 미즙이 만들어지도록 돕는다. 배가 고플 때 위장이 꼬르륵하는 소리를 들었을 것이다. 위장이 뒤섞기 운동을 하면서 나는 정상적인 소리다. 음식물이 있을 때는 음식물에 부딪히면서 소리가 죽지만, 위장이 비었을 따는 기체가 차 있어서 소리가 훨씬 더 크게 들린다. 어른의 위장은 꽉 찼을 때 음식물을 1~2리터쯤 담을 수 있다. 음식물의 양에 따라 늘어날 수 있도록, 위장의 내벽은 이리저리 주름이 져 있다. 그래서 음식물이 많이 차면 벽이 늘어날 수 있다. 위벽에는 위장이 늘어나면 알려 주는 특수한 감지기들이 있다. 그래서 '포만감'을 느끼게 된다.

무엇을 먹었느냐에 따라 달라지지만 음식물은 위장에 적게는 20분, 많으면 몇 시간 동안 머물 수 있다. 요리한 과일과 채소처럼 소화가 잘 되는 단순한 음식물은 아주 빨리 소화되겠지만, 부피가 크고 기름진 음식은 몇 시간이 걸릴 수도 있다. 음식물이 위장을 떠날 준비가 되면, 위장 아래쪽의 특수한 판막이 열리면서 미즙을 소량씩 작은창자로 흘려보낸다. 그렇게 음식물이 소화관을 지나는 속도를 세심하게 조절한다.

──────────── 그림 설명 ────────────

1: 식도
목에서 위장으로 이어지는 근육질 관

2: 들문 조임근
이 민무늬근 고리는 음식물을 식도에서 위장으로 들여보내는 한편으로, 위장에 들어온 음식물과 위산이 거꾸로 식도로 올라가는 것을 막는 판막 역할을 한다.

3: 위벽층
a) 빗근
b) 돌림근
c) 세로근

4: 위장
이 근육질 주머니의 안쪽 표면은 주름이 많이 져 있다. 위장이 음식물로 채워질수록 주름이 펴지면서 위장의 용량이 더 늘어날 수 있다.

5: 날문 조임근
위장의 미즙을 작은창자로 내보내는 동안 속도를 조절하는 한편으로, 미즙이 다시 위장으로 역류하지 못하게 막는 민무늬근 고리다.

6: 샘창자
작은창자의 첫 번째 부위다. 십이지장이라고도 한다.

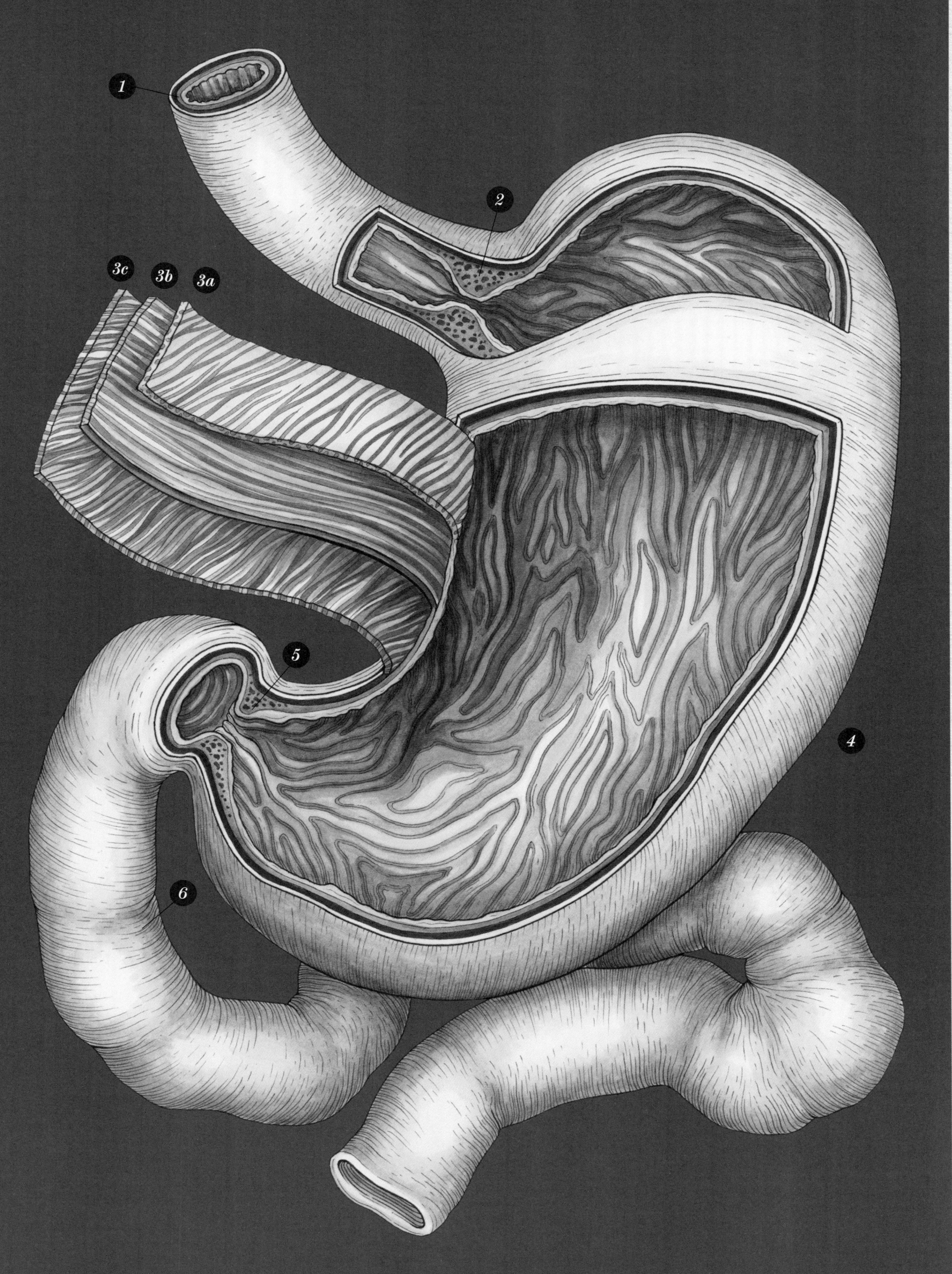

소화계와 비뇨계

창자

소시지처럼 길게 이어지는 관인 작은창자와 큰창자는 소화와 흡수의 주된 과정이 일어나는 곳이다(40쪽 참조). 이름과 달리, 사실 소화계에서 가장 길고 큰 비중을 차지하는 쪽은 작은창자다. 작은창자와 큰창자는 길이가 아니라, 관의 지름에 따라 붙인 이름이다. 작은창자는 위장의 출구에서 시작되며, 세 부분으로 되어 있다. 작은창자의 입구부터 차례대로 샘창자(십이지장), 빈창자, 돌창자다. 짧고 굽은 샘창자는 위장에서 나온 미즙이 간, 쓸개, 이자에서 분비되는 알칼리성 액체와 만나서 중화되는 부위다. 소화효소가 제대로 활동할 수 있도록 미즙이 띤 산성을 중화한다. 그 뒤에 미즙은 근육 수축과 꿈틀 운동을 통해서 물결치듯이 구불구불한 빈창자와 돌창자로 밀려간다. 이동하는 동안 미즙은 계속 소화되고 흡수된다.

작은창자는 아주 길 뿐 아니라, 벽 안쪽이 촘촘하게 주름져 있고, 융모라는 손가락 모양의 작은 돌기 수백만 개로 덮여 있다. 그래서 작은창자는 표면적이 아주 넓다. 쫙 펴면 약 250제곱미터에 달한다. 그만큼 영양소와 물이 빨리 쉽게 흡수되어 융모의 혈관 안으로 들어간다.

미즙이 큰창자 중 잘록창자에 다다를 즈음에는 영양소는 대부분 이미 몸에 흡수되고, 물과 내보낼 찌꺼기만 남은 상태다. 미즙이 길이 1.5미터에 이르는 큰창자를 지나는 동안, 물이 몸으로 흡수된다. 이 과정은 오래(길면 40시간까지) 걸릴 수 있으며, 기본적으로는 미즙에서 물이 다 빠지고 대변이라는 고형 폐기물이 생기는 과정이다. 대변은 화장실에 가고 싶어질 때까지 곧은창자에 저장되었다가, 항문을 통해 배설된다.

그림 설명

1: 작은창자, 겉모습
긴 관으로 소화 과정에서 영양소의 대부분이 흡수되는 곳이다. 샘창자, 빈창자, 돌창자로 나뉘지만, 사실 생김새만 보아서는 어느 부위인지 구별하기 어렵다.

2: 큰창자, 겉모습
물이 흡수되고 몸 밖으로 내보낼 찌꺼기만 남는 곳이다. 큰창자에서 주름이 많은 곳을 팽대라고 한다.
a) 곧은창자: 대변이 저장되는 곳이다.
b) 항문: 큰창자의 출구로서, 대변이 몸 밖으로 나오는 곳이다.
c) 잘록창자띠: 큰창자의 겉에 드러나 보이는 근육으로 된 선이다.

3: 작은창자 단면
a) 점막층: 주름진 표면에 융모가 가득 나 있어서, 흡수하는 표면적이 가장 넓은 곳이다.
b) 점막밑층: 혈관, 신경, 림프관이 들어 있는 층이다.
c) 근육질 층: 서로 연결된 두 겹의 근육층이 수축하면서 음식물을 소화관을 따라 밀어낸다.
d) 장막: 연결 조직을 감싸는 막이다

4: 작은창자의 융모
작은창자에는 손가락처럼 생긴 돌기인 융모가 가득 나 있다. 융모는 표면적을 넓혀서 영양소를 흡수하여 혈액으로 보내는 속도를 높여 준다.
a) 상피층: 작은창자의 맨 바깥층으로서 세포 하나 두께다.
b) 혈관과 림프관(76쪽 참조)

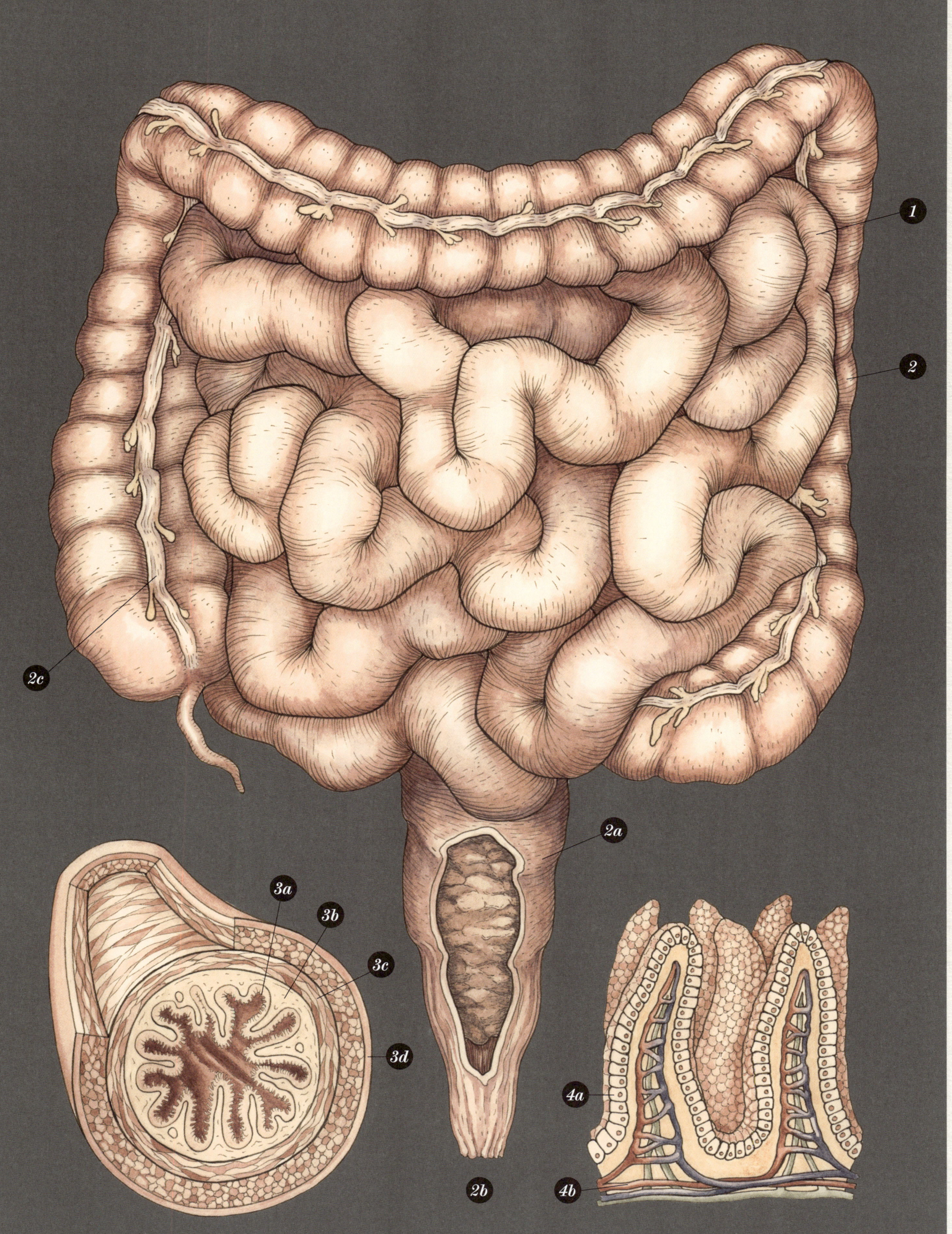

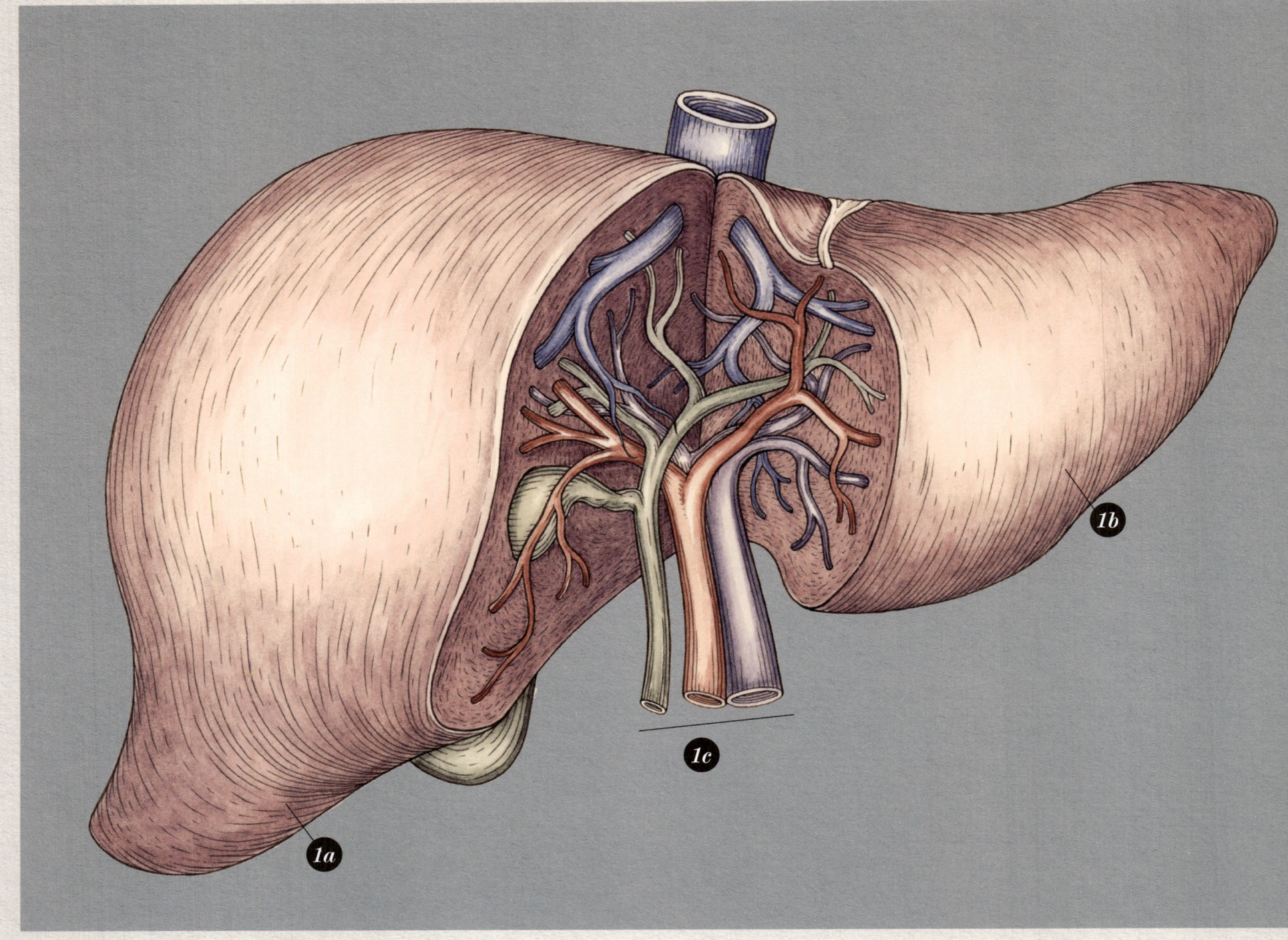

소화계와 비뇨계

간

간은 피를 깨끗하게 하고 몸을 건강하게 하는 수백 가지 과정들을 세심하게 조절한다. 몸에서 크기가 가장 큰 기관으로서, 배의 오른쪽 위, 가슴우리와 가로막 바로 밑에 있다. 모양은 거의 삼각형이며, 4개의 엽으로 나뉘어 있다. 피가 많이 모여 있어서 짙은 붉은색을 띤다. 사실 혈액의 10퍼센트 이상은 언제나 간에 있으며, 1분에 무려 1.5리터의 피가 간으로 들어간다.

간이 주로 하는 역할은 세 가지다. 피를 깨끗이 하고, 담즙을 생산하고, 에너지를 저장하는 것이다. 첫째, 간은 피에서 해로울 수 있는 물질을 모두 제거하여 피를 청소한다. 소화되고 남은 음식물 찌꺼기나 약물이나 알코올 같은 독소가 간이 제거하는 물질이다. 간은 독소를 몸에 덜 해로운 분자로 바꿀 수도 있다. 그렇지 않으면 독소를 소화계를 통해서 대변으로 배설하거나, 콩팥을 통해 소변으로 내보낸다. 둘째, 간은 쓸개즙(담즙)을 만든다. 몸이 지방을 소화하는 데 필요한 진한 황록색 액체가 쓸개즙이다. 쓸개즙은 작은창자로 곧바로 배출되거나 쓸개에 저장해 두었다가 필요할 때 내보낸다. 셋째, 간은 충전했다가 필요할 때 전기를 공급하는 축전지처럼, 에너지를 저장해 두었다가 필요할 때 공급한다. 간은 작은창자와 큰창자에서 오는 혈액을 통해 '충전된다'.

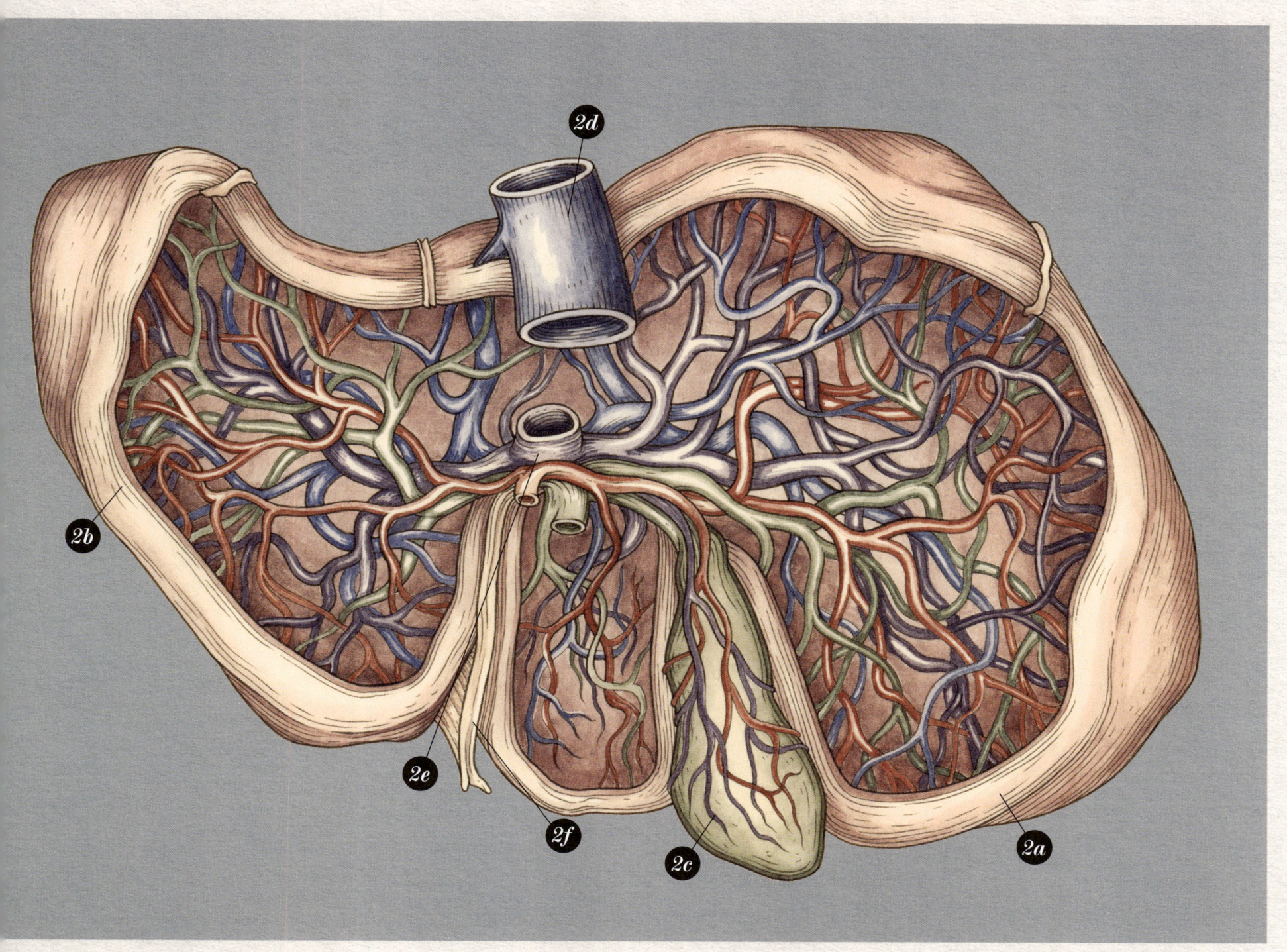

소화 과정에서 흡수한 영양소가 많은 피다. 창자에서 온 피는 간문맥계라는 특수한 혈관망을 통해서 간으로 간다. 이 피에 든 독소도 모두 이런 식으로 간으로 가며, 간에서 걸러져서 몸 밖으로 배출된다.

흥미롭게도 간은 몸의 다른 기관들에는 없는 놀라운 특징을 지닌다. 재생이 가능하다는 것이다. 질병이나 심한 음주로 간이 손상되면 제대로 일을 할 수가 없어서 몹시 앓게 된다. 그러나 간에서 손상된 부위를 제거하면(적어도 간을 3분의 1은 남기고 제거하면), 남은 부위가 다시 자라서 원래 크기로 돌아갈 수 있다.

그림 설명

1: 간, 윗면
a) 우엽
b) 좌엽
c) 간문맥계: 작은창자와 큰창자에서 나온 피(영양소가 풍부한 피)를 간으로 운반하는 혈관망이다. 산소가 풍부한 피도 이 배의 주요 혈관망을 통해서 간으로 온다. 한편 간에서 생산되는 쓸개즙은 간문맥계를 통해서 쓸개로 가서 저장되거나, 작은창자로 곧장 향한다.

2: 간, 뒷면
간에는 혈관이 아주 많아서 많은 혈액을 공급받는다.
a) 좌엽
b) 우엽
c) 쓸개
d) 아래대정맥: 간에서 피가 빠져나가서 심장으로 돌아가는 출구.
e) 간문맥: 창자에서 오는 피가 간으로 들어오는 통로.
f) 낫인대: 이 연결 조직은 간을 우엽과 좌엽으로 나눈다. 간을 배 안쪽에 붙들어 놓는 데에도 기여한다.

소화계와 비뇨계

이자와 쓸개

이자(췌장)는 소화계와 내분비계(호르몬계, 80쪽 참조) 양쪽에서 중요한 역할을 한다. 나뭇잎 모양에다가 질감도 독특한 이 기관은 위장 옆에 있다. 샘창자(작은창자의 첫 부분)의 굽은 곳에 머리를 쏙 끼운 채로 자리한다. 이 위치에 있는 덕분에 이자액이 창자로 곧바로 분비됨으로써 산성을 띤 미즙을 중화하여, 그 뒤의 소화 과정이 잘 진행되도록 돕는다.

샘(화학 물질을 분비하는 기관)이 이런 기관이나 조직으로 물질을 직접 분비하면, 외분비샘이라고 한다. 이자는 특수한 샘으로, 내분비샘 기능도 한다. 즉 혈액으로도 화학 물질을 분비하는 샘이라는 뜻이다. 이자가 만드는 화학 물질 중에는 인슐린과 글루카곤이 있다. 혈당을 조절하는 중요한 호르몬이다. 혈당 수치가 낮으면 졸리거나 몽롱해질 수 있다. 그럴 때 이자는 글루카곤을 생산하여 간에 당을 분비하라고 신호를 보낸다. 혈당 수치가 너무 높으면, 이자는 인슐린을 분비한다. 그러면 핏속에 든 당(혈당)이 줄어든다. 이자가 이런 호르몬들을 만들지 못하면 당뇨병이 생기며, 그럴 때에는 인슐린을 주사하여 혈당 조절을 도와야 한다.

이자액이 작은창자로 들어가는 부위는 소화에 중요한 또 다른 액체인 쓸개즙도 들어가는 곳이다. 쓸개즙은 간에서 만들어지지만, 쓸개라는 작은 근육질 주머니에 저장된다. 쓸개즙은 주로 물로 이루어져 있지만, 염분과 지방이 많이 들어 있다. 때로 이 성분들이 서로 달라붙어서 돌처럼 굳어서 쓸갯돌이 생기기도 한다. 쓸갯돌은 무해할 수도 있지만, 쓸개를 벗어나서 쓸개와 창자를 연결하는 통로인 쓸개관에 끼이면 심하게 아플 수 있다. 이러한 통증(담석증)이 반복되면 쓸개를 제거하기도 하는데, 사람은 쓸개가 없이도 정상적으로 생활할 수 있다.

―――――――――― 그림 설명 ――――――――――

1: 쓸개
간이 만든 쓸개즙을 저장하는 주머니 모양의 기관이다. 담낭이라고도 한다. 쓸개즙은 지방의 소화를 도우며, 음식을 먹은 뒤에 작은창자의 샘창자로 분비된다.

2: 샘창자
작은창자의 첫 번째 부위로서 구부러진 모양이다. 온쓸개관(쓸개와 간에서 뻗어 나온)의 출구와 이자관의 출구는 샘창자에 연결된다. 이 기관들은 음식물의 소화에 중요한 물질들을 내놓는다.

3: 이자
이자액은 이자에서 생산되어 샘창자로 분비된다.

4: 쓸갯돌이 들어 있는 쓸개
쓸개즙에 든 염분이 뭉쳐서 쓸개 안에 작은 돌이 종종 생기곤 한다. 이런 쓸갯돌은 대개는 해가 없다. 하지만 쓸갯돌이 쓸개에서 빠져나오면 쓸개와 샘창자를 연결하는 통로를 막아서 엄청난 통증과 염증을 일으킬 수 있다.

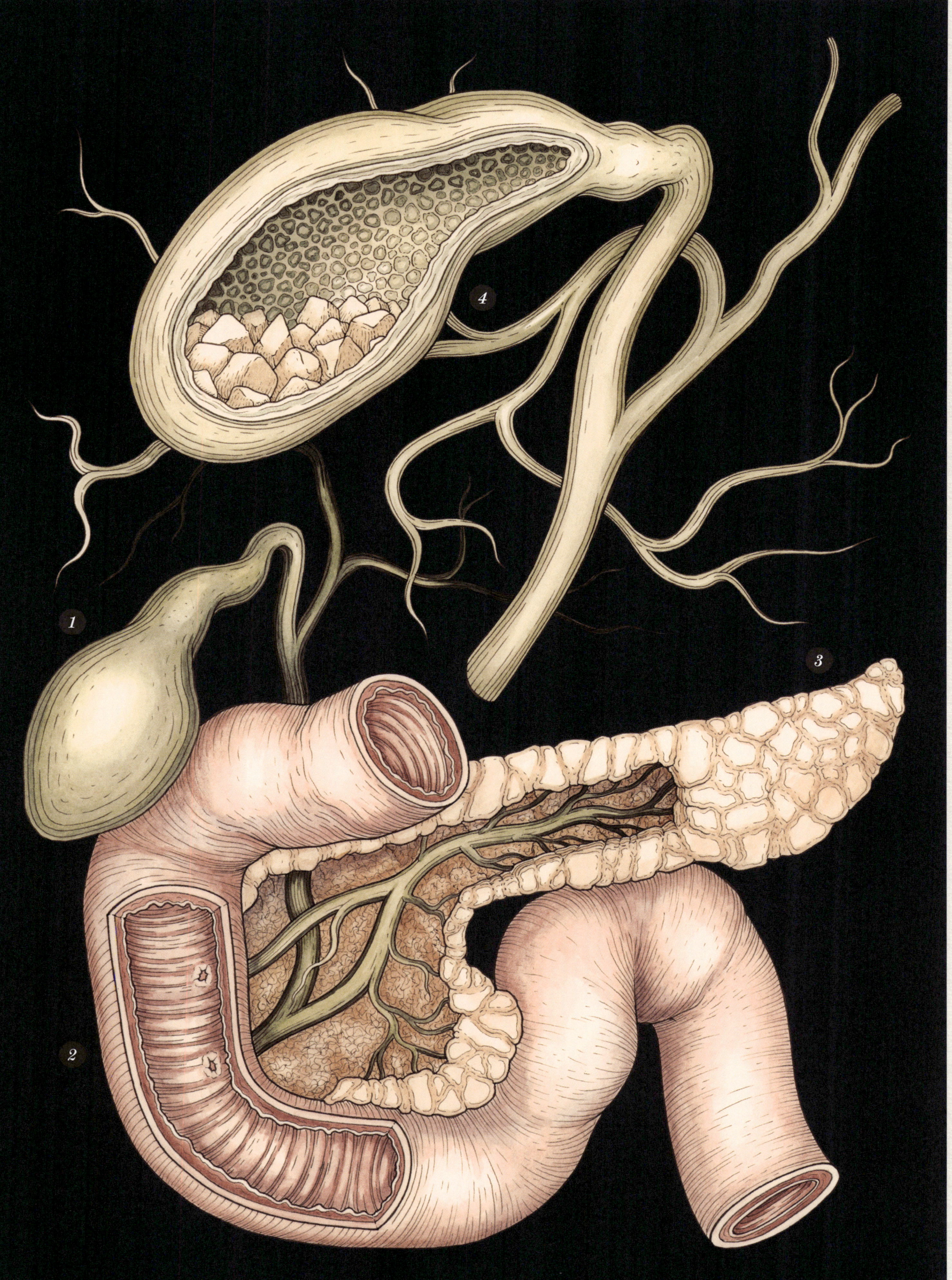

비뇨계

몸의 배수관인 비뇨계는 피에서 노폐물을 걸러 모았다가 소변으로 배출하는 기관이다. 비뇨계는 배와 골반 안에 들어 있다. 두 콩팥은 배의 뒤쪽에 높이 달려 있다. 오른쪽으로는 간이 가까이 있고, 왼쪽으로는 위장과 작은창자가 가까이 있다. 비뇨계에서 힘든 일은 대부분 콩팥이 한다. 소변이 만들어지는 곳이 바로 콩팥이다. 비뇨계의 나머지 기관들은 소변을 배출할 때까지 통과시키고 저장해 두는 곳들이다.

콩팥에서 만들어진(56쪽 참조) 소변은 요관이라는 길이 약 30센티미터의 관을 통해 똑똑 흘러내린다. 요관의 민무늬근이 수축하면서 소변을 근육질 주머니인 방광으로 밀어낸다. 방광은 소변을 저장하는 기관이다. 방광은 소변이 채워질수록 늘어나며, 한 번에 약 500~600밀리리터를 저장할 수 있다. 대개는 그만큼 채워지기보다 한참 전에 화장실에 가야겠다고 느낀다. 방광 벽에는 방광이 늘어났음을 알아차리는 특수한 신경 감지기가 있어서, 화장실에 갈 때가 되었다고 뇌에 알린다. 준비가 되면, 요도라는 작은 관을 통해서 소변이 배출된다.

소변은 대부분 물이지만, 단백질이 분해될 때 생기는 요소와 몸이 처리할 수 없는 독성 화학 물질 같은 노폐물이 섞여 있다. 몸이 오래된 혈구를 재활용할 때 생산되는 우로빌린이라는 화학 물질도 들어 있다. 소변이 노란색을 띠는 것은 이 물질 때문이다. 소변의 색깔을 보면 몸에 물이 얼마나 충분한지를 알 수 있다. 색깔이 옅으면 충분하다는 뜻이고, 짙으면 이 색소가 더 농축되어 있으므로 물을 충분히 마시지 않았다는 뜻이다. 탈수가 진행되고 있는지, 물을 더 마셔야 하는지를 알아보는 손쉬운 방법이라고 할 수 있다. 사람은 대개 하루에 약 2리터의 물을 마셔야 한다.

그림 설명

1: **콩팥으로 들어가는 피와 콩팥 동맥**
심장에서 나온 산소를 지닌 피가 이 혈관을 통해 콩팥으로 들어가서 걸러진다.

2: **콩팥에서 나오는 피와 콩팥 정맥**
산소를 잃은 피가 콩팥에서 나온다.

3: **왼쪽 콩팥**
배 위쪽에 놓인 양쪽 콩팥은 소변을 만든다.

4: **오른쪽 콩팥**
대개 오른쪽 콩팥이 왼쪽 콩팥보다 약간 아래쪽에 있다. 오른쪽에는 커다란 간이 많은 공간을 차지하기 때문이다.

5: **요관(좌우 양쪽)**
요관은 두 개의 긴 근육질 관들이다. 양쪽 콩팥을 각각 방광과 연결하며, 소변을 방광으로 보내는 통로다.

6: **방광**
방광은 골반에 놓여 있으며, 소변이 배출될 때까지 저장하는 곳이다.

7: **조임근(괄약근)**
이 근육 고리는 방광을 비우는 과정을 조절한다.

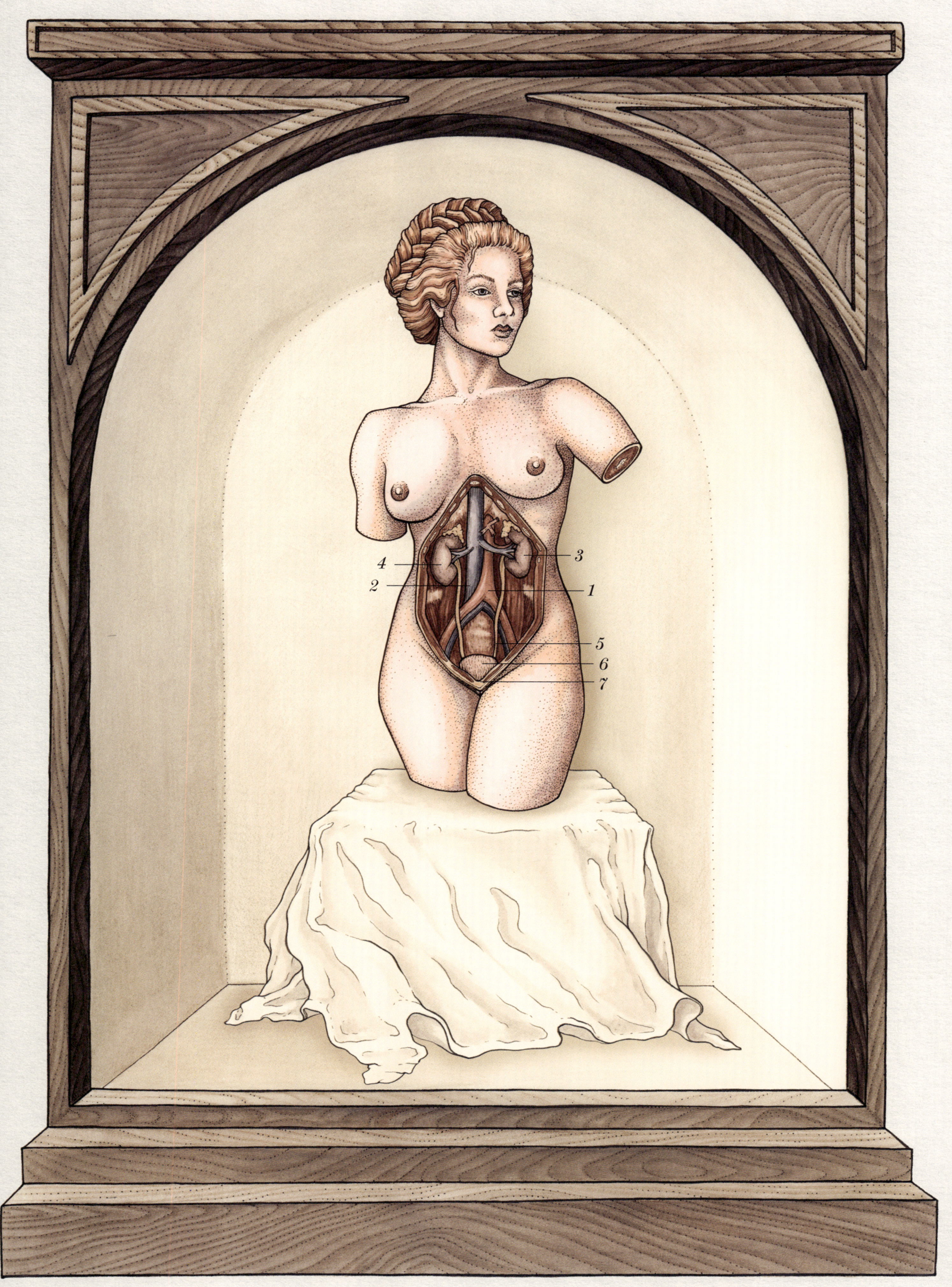

소화계와 비뇨계

콩팥

강낭콩 모양의 콩팥 두 개는 배 뒤쪽 가슴우리 바로 아래에 있다. 콩팥(신장)은 길이가 약 10~15센티미터이고, 쉴 새 없이 계속 피를 청소한다. 콩팥단위라는 작은 여과기 100만 개로 피를 통과시켜서 거른다. 몸의 화학 반응 때 생긴 노폐물과 독소를 걸러서 소변으로 보내고, 몸이 필요로 하는 물질은 다시 흡수한다. 청소를 위해 콩팥에는 아주 많은 피가 흘러든다. 어느 때이든 간에 몸에 있는 피 중에서 20퍼센트는 콩팥에 가 있다. 인체의 모든 피는 하루에 약 40번 넘게 콩팥을 지나간다.

또 콩팥은 몸에서 물과 염분의 전체적인 균형을 유지하는 데에도 핵심적인 역할을 한다. 몸에 물과 염분이 부족하면, 콩팥은 피를 거를 때 물과 염분을 더 많이 흡수한다. 그러면 소변이 더 적게 생긴다. 반면에 피에 물이 너무 많으면, 콩팥이 물을 흡수하지 않아서 소변이 더 많이 생긴다.

콩팥이 건강해야 우리는 정상적인 생활을 할 수 있다. 다행히도 콩팥은 두 개이므로 한쪽이 손상되거나 일을 못해도, 다른 쪽이 콩팥 두 개의 역할을 맡을 수 있다. 즉 콩팥은 한쪽만 있어도 살아갈 수 있다. 하지만 양쪽 콩팥이 다 망가지면, 피를 청소할 수 없으므로 몸에 질병을 일으키는 독소가 위험할 정도로 쌓이게 된다. 콩팥이 망가진 사람은 투석을 받아야 한다. 투석은 피를 몸 밖으로 빼내어 기계로 걸러 낸 뒤 몸으로 돌려보내는 것이다. 이 과정은 여러 시간이 걸리며, 일주일에 약 3번씩 받아야 한다. 콩팥 질환을 치료하는 한 가지 방법은 장기 이식이다. 살아 있거나 막 사망한 기증자의 콩팥을 환자에게 이식하는 것이다. 콩팥 이식은 50년 넘게 이루어져 왔으며, 성공률도 아주 높다. 흥미로운 점은 새 콩팥을 배에 위치하는 콩팥의 제자리가 아니라 골반 쪽에 이식하며, 본래 있는 망가진 콩팥을 대개 떼어 내지 않고 그대로 둔다는 것이다.

그림 설명

1: 오른쪽 콩팥
왼쪽 콩팥보다 약간 아래쪽에 있다. 배의 오른쪽에는 커다란 간이 있기 때문이다.

2: 왼쪽 콩팥
a) 콩팥 동맥(왼쪽): 산소가 풍부한 피를 콩팥으로 보내는 커다란 혈관이다.
b) 콩팥 정맥(왼쪽): 산소가 적은 피가 콩팥에서 나와 심장으로 돌아가는 통로다.
c) 콩팥 겉질
d) 콩팥 속질: 겉질과 속질은 콩팥단위라는 작은 구조물 수백만 개를 통해 피를 거르는 곳이다.

3: 요관
콩팥과 방광을 연결하는 긴 근육질 관이다.

4: 부신
내분비계의 일부로서 아드레날린과 노르아드레날린 같은 호르몬을 만드는 일을 하는 샘이며 콩팥 위에 위치한다.

5: 콩팥단위(네프론)
이 비비 꼬인 관이 소변이 만들어지는 콩팥의 여과기다.
a) 토리(사구체): 피는 토리라고 하는 공 모양 체와 같은 구조를 통해 걸러진 뒤에, 콩팥단위의 다른 곳으로 들어간다.
b) 집합관: 콩팥에서 나온 액체를 모아서 요관으로 보내는 관이다.

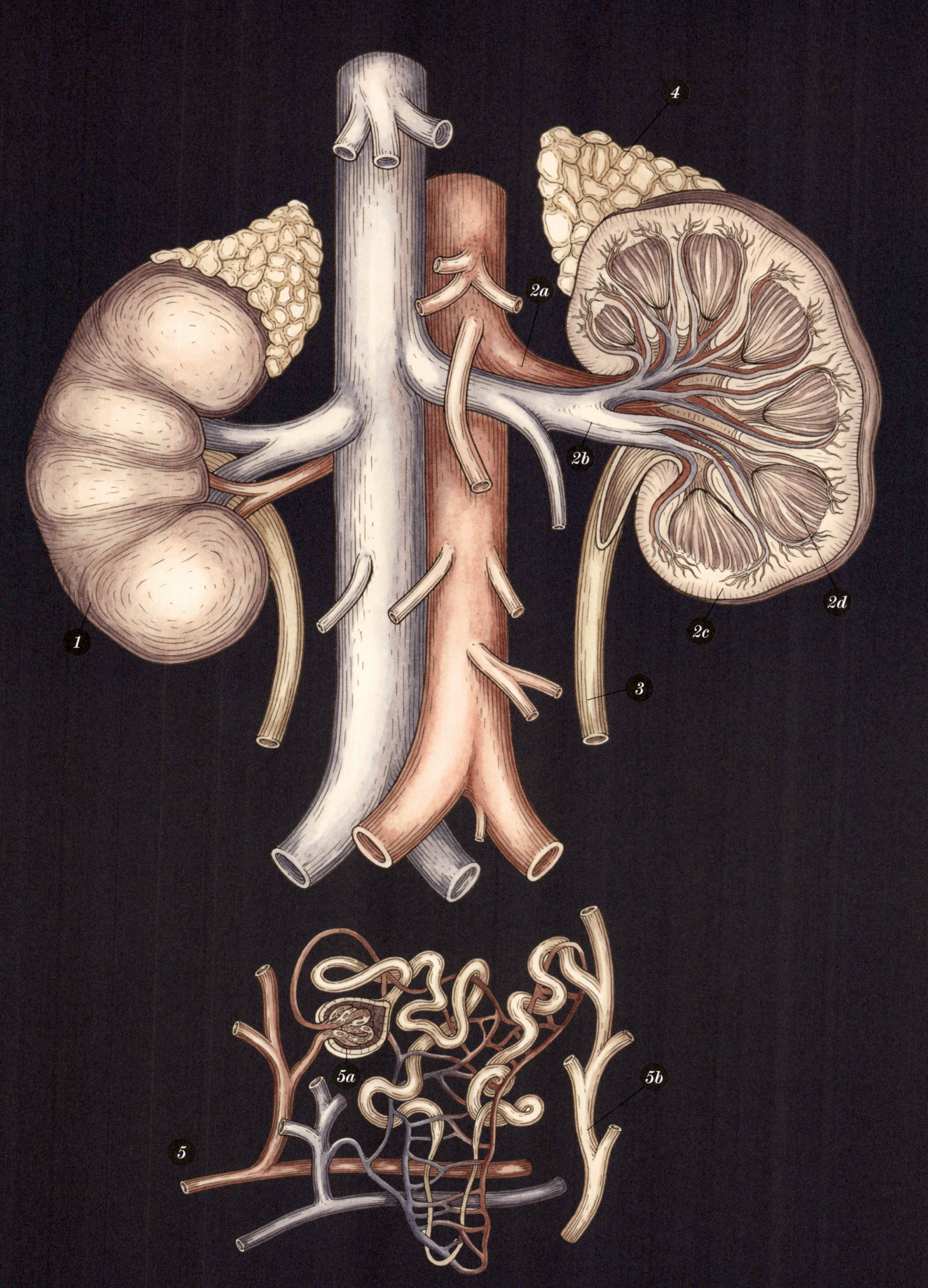

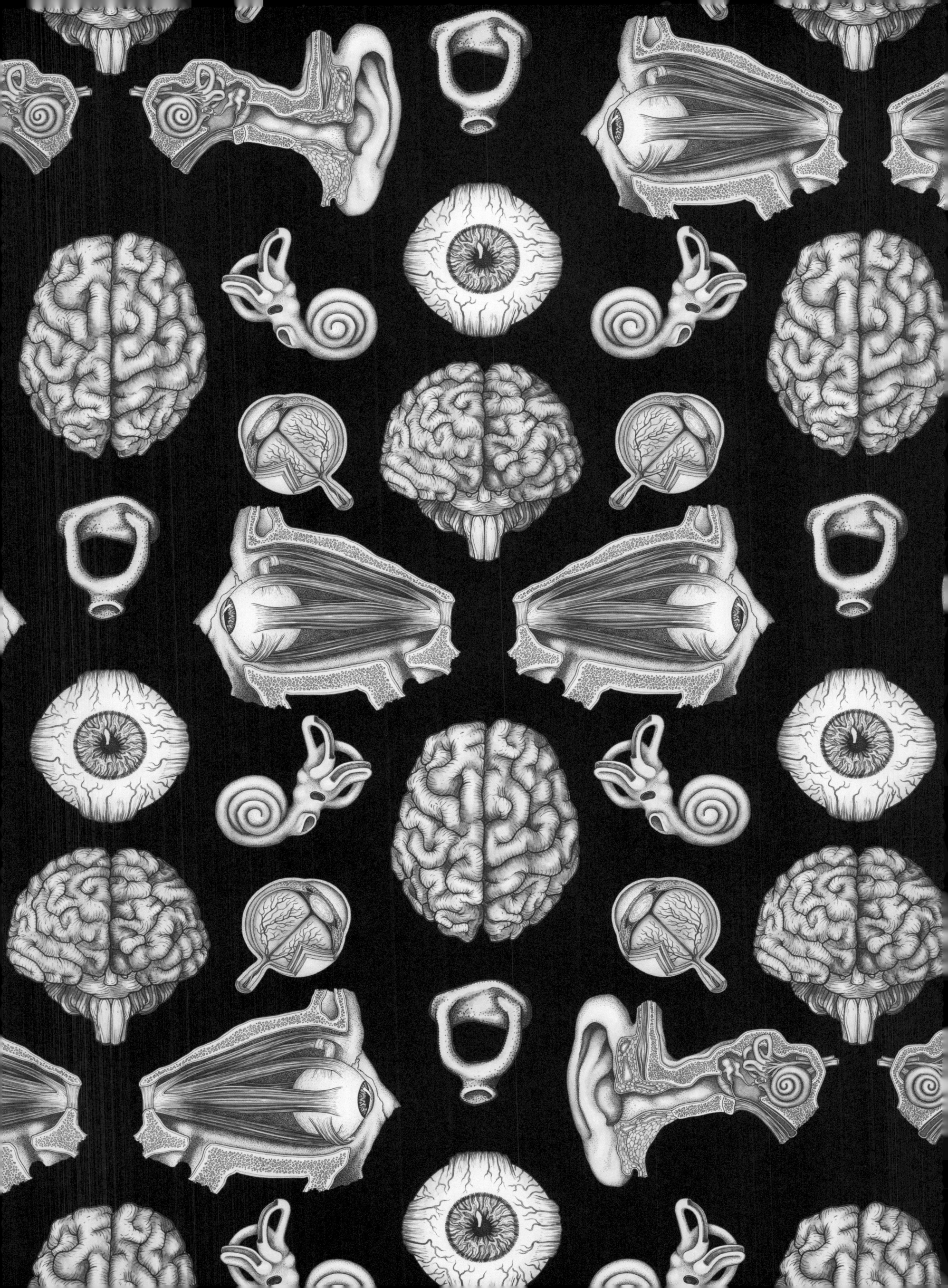

인체 박물관

4 전시실

신경계와 감각 기관

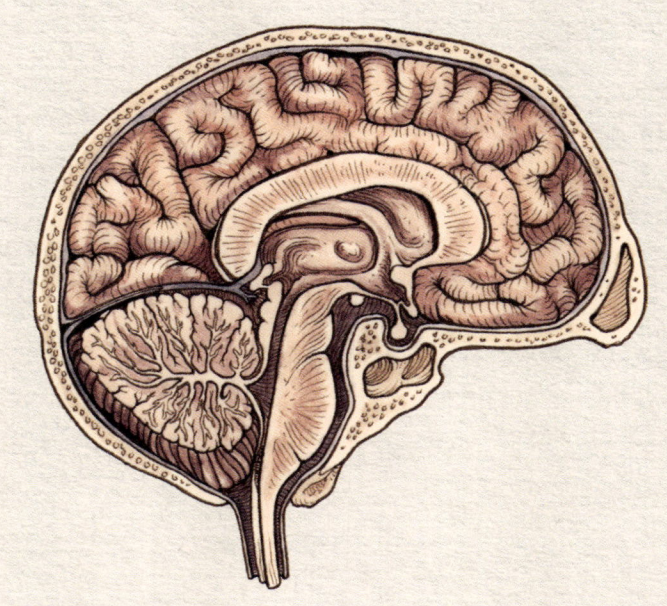

신경계

중추신경계

말초신경계

눈

귀

코와 혀

피부

신경계와 감각 기관

신경계

가장 단순한 동물을 제외한 나머지 모든 동물들은 신경계를 지닌다. 신경계는 전자 회로처럼 온몸으로 정보를 전달하고 처리하는 복잡한 연결망이다. 사람은 우리가 아는 한 가장 발달한 신경계를 지닌다. 우리가 말하고 쓰고 복잡한 기계를 만들 수 있는 유일한 종인 이유도 바로 신경계 때문이다.

신경계는 기관과 조직과 각 부위를 중앙 통제 센터인 뇌와 연결한다. 뇌는 우리가 아는 가장 정교한 슈퍼컴퓨터라고 일컬어지며, 1초에 수십만 건의 메시지를 처리할 수 있다. 바깥 세계와 몸속에서 오는 정보를 알리는 이런 메시지는 전기 신호로 뇌를 오간다. 신경이라는 통로를 따라 전달되며, 번잡한 쌍방향 도로의 자동차들처럼 바쁘게 오간다. 뇌는 정보를 받으면, 그에 응답하는 메시지를 몸으로 보낼 수 있다. 예를 들어 횡단보도를 건너려 하는데 자동차가 나타나면, 눈은 그 차를 보고서 뇌에 메시지를 보낼 것이다. 뇌는 위험한지 판단한 뒤에 뒤로 물러서라고 몸으로 신호를 보낼 것이다. 더욱 인상적인 점은 이러한 신호 교환이 이루어지는 데 1초도 안 걸린다는 것이다. 전기 신호는 1초에 100미터 넘게 가는 속도로 신경을 지나가기 때문이다.

신경계의 중심은 뇌와 척수다. 뇌와 척수는 중추신경계를 이루며, 몸의 활동 대부분을 통제한다. 이 핵심 기관들은 머리뼈와 척추뼈로 잘 보호되어 있다. 척수는 말초신경계와 연결된다. 말초신경계는 온몸을 뻗어나가면서 (감각 기관으로부터) 감각 메시지를 수집하고, 중추신경계와 나머지 신체 부위 사이에 운동 신호(움직이라는 명령)를 전달하는 일을 한다.

그림 설명

1: 중추신경계
a) 뇌: 신경계 전체를 통제하는 핵심이다. 모든 의식적(수의적) 행동과 많은 무의식적(불수의적) 행동은 뇌를 통해 이루어진다.
b) 척수: 긴 신경 다발로서 뇌와 말초신경계를 연결한다.

2: 말초신경계
a) 척수신경: 척수는 좌우로 31쌍의 척수신경을 뻗는다. 각 쌍은 몸의 특정한 부위로 뻗어 있으며, 뇌와 그 부위 사이에 정보를 전달한다.

b) 말초신경: 뇌와 척수에서 신체 기관과 팔다리로 오가는 메시지를 전달한다.

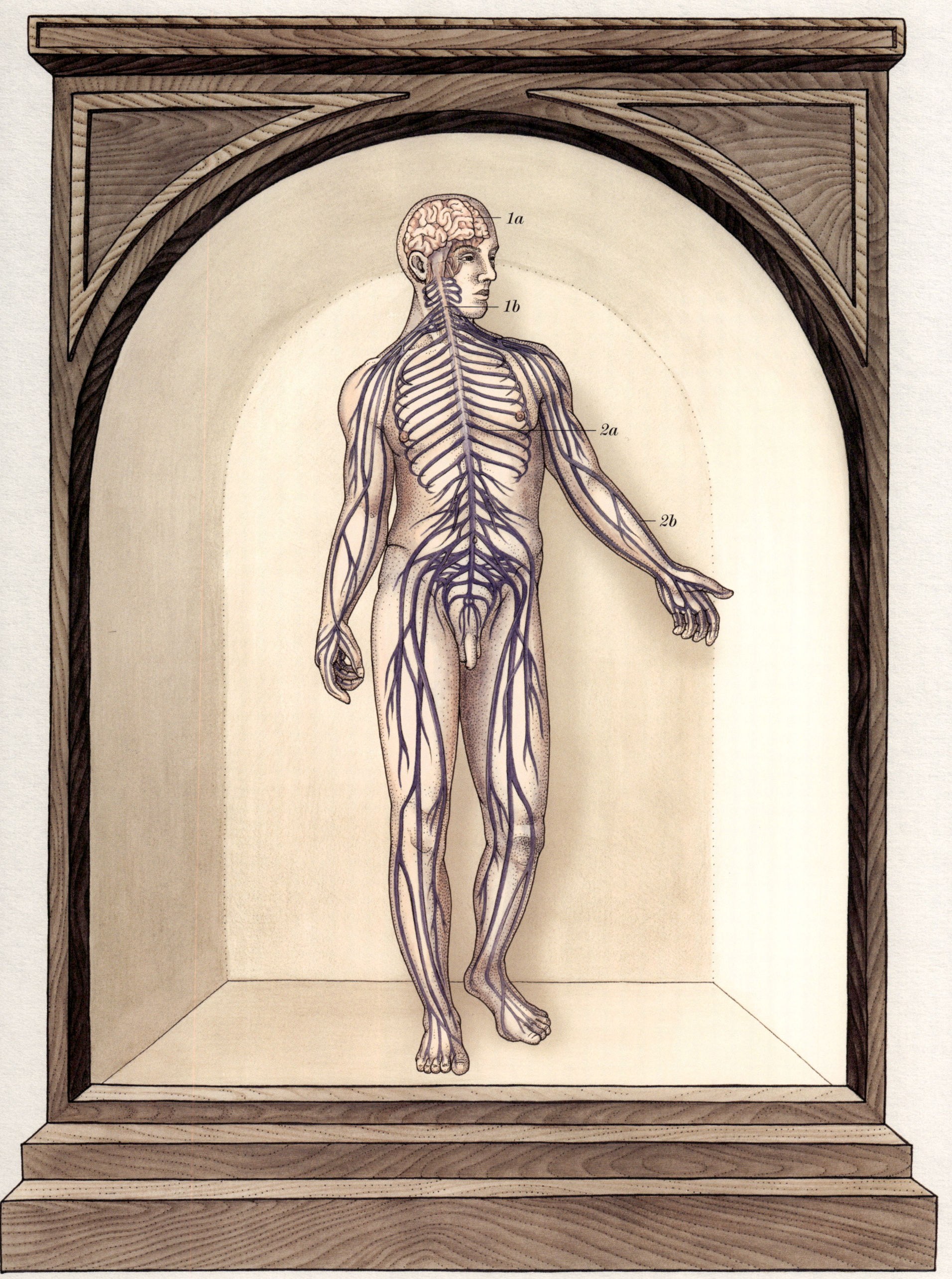

신경계와 감각 기관

중추신경계

사람의 뇌는 놀라울 만큼 복잡한 기관이며, 아직 밝혀내지 못한 특징도 많다. 몸무게의 3퍼센트를 차지할 뿐이지만, 뇌는 몸 에너지의 약 20퍼센트를 쓴다. 그 어떤 기관보다도 훨씬 많이 쓴다. 이 엄청난 에너지 소비량은 뇌가 움직임에서 호흡, 생각, 감정, 기억에 이르기까지 우리가 하는 모든 일을 통제하기 때문이다.

뇌의 가장 바깥층인 겉질은 잔뜩 주름이 져 있다. 겉질을 쫙 펴면, 표면적이 펼친 신문지만 할 것이다. 그러나 주름이 져 있기 때문에, 수천억 개에 달하는 뇌의 신경세포들이 한정된 머리뼈 안에 다 들어갈 수 있다. 놀랍게도 우리 뇌가 그렇게 주름이 져 있는 이유는 인류 진화 과정에서 크기가 3배로 늘어났기 때문이다! 뇌에서 가장 큰 부위는 대뇌다. 지능과 의식적인 운동과 지각을 담당한다. 대뇌는 양쪽으로 나뉘어 있고, 조직으로 된 '다리'로 연결되어 있다. 대뇌의 오른쪽은 몸의 왼쪽을, 대뇌의 왼쪽은 몸의 오른쪽을 통제한다. 각 반구에는 몸의 특정한 기능을 전담하는 영역들이 있다. 뇌의 각 부위가 서로 다른 활동을 통제한다는 것은 1848년 피니어스 게이지의 사례를 연구하면서 처음 발견되었다. 피니어스는 쇠막대에 머리가 뚫리는 큰 사고를 당했다. 다행히도 그는 기적적으로 살아남았고, 운동과 감각 기능도 정상이었다. 그러나 성격이 완전히 달라졌다. 의사들은 쇠막대가 뇌에서 성격을 맡은 부위(이마엽)를 손상시켰기 때문이라고 결론지었다. 이 결론은 지금도 여전하고, 현재 우리는 이마엽이 판단하거나 계획하고 생각하는 일과 감정에 중요하다는 것을 안다. 모두 성격을 형성하는 데 기여하는 활동들이다.

대뇌 안쪽, 뇌의 뒤쪽에는 소뇌가 있다. 호두처럼 생긴 작고 둥그스름한 구조로서, 운동과 균형의 조절을 돕는다. 뇌 한가운데에는 뇌줄기가 있다. 뇌와 척수를 연결한다. 또 뇌줄기는 호흡, 소화, 심장 박동 등 살아 있기 위해 필요한 가장 기본적인 활동들도 통제한다. 뇌와 몸 사이에 전기 신호를 끊임없이 전달한다.

그림 설명

1: 뇌와 척수
척수는 뇌의 중앙에서부터 뻗어 있다. 척수신경은 척수를 따라서 좌우로 뻗어 나온 31쌍의 신경이다. 각 쌍은 뇌와 척수를 특정한 신체 부위와 연결한다.

2: 뇌, 정면
뇌의 주된 부분인 대뇌를 이루는 대뇌 반구는 양쪽으로 나뉜다.

3: 뇌, 윗면
뇌의 주름, 즉 뇌이랑 때문에 주름져 있는 모습이다. 주름은 뇌의 표면적을 늘린다.

4: 뇌의 단면
a) 대뇌: 뇌의 가장 큰 부위로서 생각, 학습, 의사 결정, 기억 같은 고등한 기능을 맡고 있다. 감각 지각과 수의 운동(마음먹은 대로 할 수 있는 운동)도 맡는다.
b) 소뇌: 운동과 균형을 조정한다.
c) 뇌줄기: 호흡, 심장 박동, 소화 같은 활동들을 제어한다.
d) 척수

5: 뇌엽
뇌의 각 부위가 들어 있는 머리뼈에서 이름을 따서 붙인 이름이다.
a) 이마엽(전두엽)
b) 마루엽(두정엽)
c) 뒤통수엽(후두엽)
d) 관자엽(측두엽)

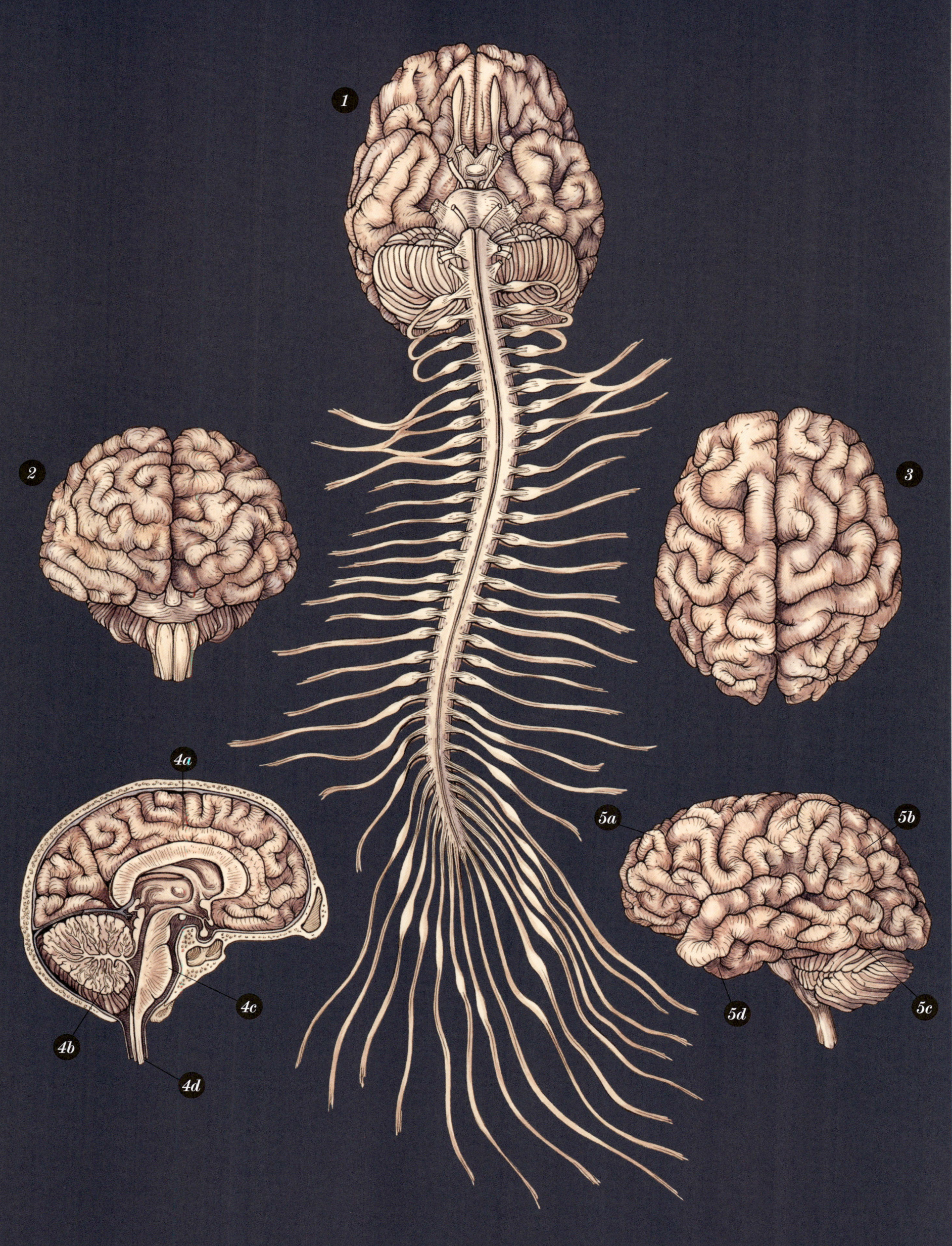

신경계와 감각 기관

말초신경계

각 신경은 가느다란 신경세포(뉴런)들이 모인 다발이다. 전선처럼 온몸으로 뻗어 있다. 대부분의 신경세포는 축삭(신경돌기)이라는 주된 섬유를 하나 지닌다. 축삭은 전기 신호를 내보내는 일을 한다. 가지돌기라는 더 작은 섬유는 다른 신경세포로부터 오는 신호를 받는다. 신경세포들이 만나는 곳을 시냅스라고 하는데, 간격이 살짝 떨어져 있다. 전기 신호는 이 틈새를 건너뛸 수가 없으므로, 축삭은 화학적 전달 물질을 분비함으로써 이 틈새를 넘는다. 가지돌기는 그 신호를 받아서 축삭을 통해 다음 신경세포로 전달한다. 이런 방법으로 신호는 놀라운 속도로 신경세포 사이로 전달될 수 있다.

'신경섬유'라고도 하는 신경세포의 가장 긴 부위는 축삭을 가리킨다. 축삭은 길이가 1밀리미터도 안 되는 것부터 1미터를 넘는 것까지 다양하다. 전선이 전류가 새지 않도록 플라스틱 피막으로 덮여 있듯이, 축삭도 전기 신호를 보호하기 위한 절연층이 필요하다. 말이집이라는 지방관이 축삭을 감싸는 일을 한다. 말이집이 손상되면 신경 자극이 뇌와 몸 사이로 전달되는 능력이 줄어든다. 다발 경화증 같은 질병에 걸리면 그렇다.

인체에는 약 950~1000억 개의 신경세포가 있다. 그중 약 80퍼센트는 뇌와 척수(62쪽 참조)에 있고, 나머지는 말초신경계에 있다. 이 신경망은 척수에서 좌우 양쪽으로 31쌍의 척수신경이 뻗어 나오는 부위에서 시작된다. 중추신경계와 몸의 감각 및 근육 사이의 의사소통에 중요한 역할을 한다.

말초신경계의 신경세포는 감각 신경세포이거나 운동 신경세포다. 감각 신경세포는 눈과 귀 같은 감각 기관에서 나오는 정보를 뇌와 척수로 보내는 반면, 운동 신경세포는 뇌와 척수에서 나오는 메시지를 근육과 샘으로 보낸다. 말초신경계는 뼈대를 움직이는 것과 같이 몸을 조절하는(수의) 신경세포와 자율(불수의) 신경세포로 나뉜다. 후자는 우리가 생각하지 않아도 저절로 일어나는 호흡 같은 신체 기능을 제어한다.

그림 설명

1: 반사활
손을 촛불 가까이 가져가면, 손의 통증 감지기가 척수로 메시지를 보낼 것이다. 척수는 뇌로 신호를 보내지 않으면서 그 위험을 처리할 것이고, 곧바로 손에 촛불에서 치우라고 지시하는 운동 신호를 보낼 것이다. 반사 작용 덕분에 몸은 위험의 첫 신호에 반응할 수 있다.

2: 척수신경의 해부 구조
a) 축삭: 신경세포에서 전기 신호를 전달하는 핵심 부위이다.
b) 말이집: 지질층이며, 축삭을 감싸 전기 신호가 새지 않게 하는 절연하는 피막 역할을 한다.
c) 신경 다발: 축삭 다발을 뜻한다.
d) 신경 다발막: 신경 다발을 감싸고 있다.
e) 혈관

3: 신경세포를 확대한 모습
a) 세포체
b) 가지돌기
c) 축삭
d) 말이집
e) 신경 말단

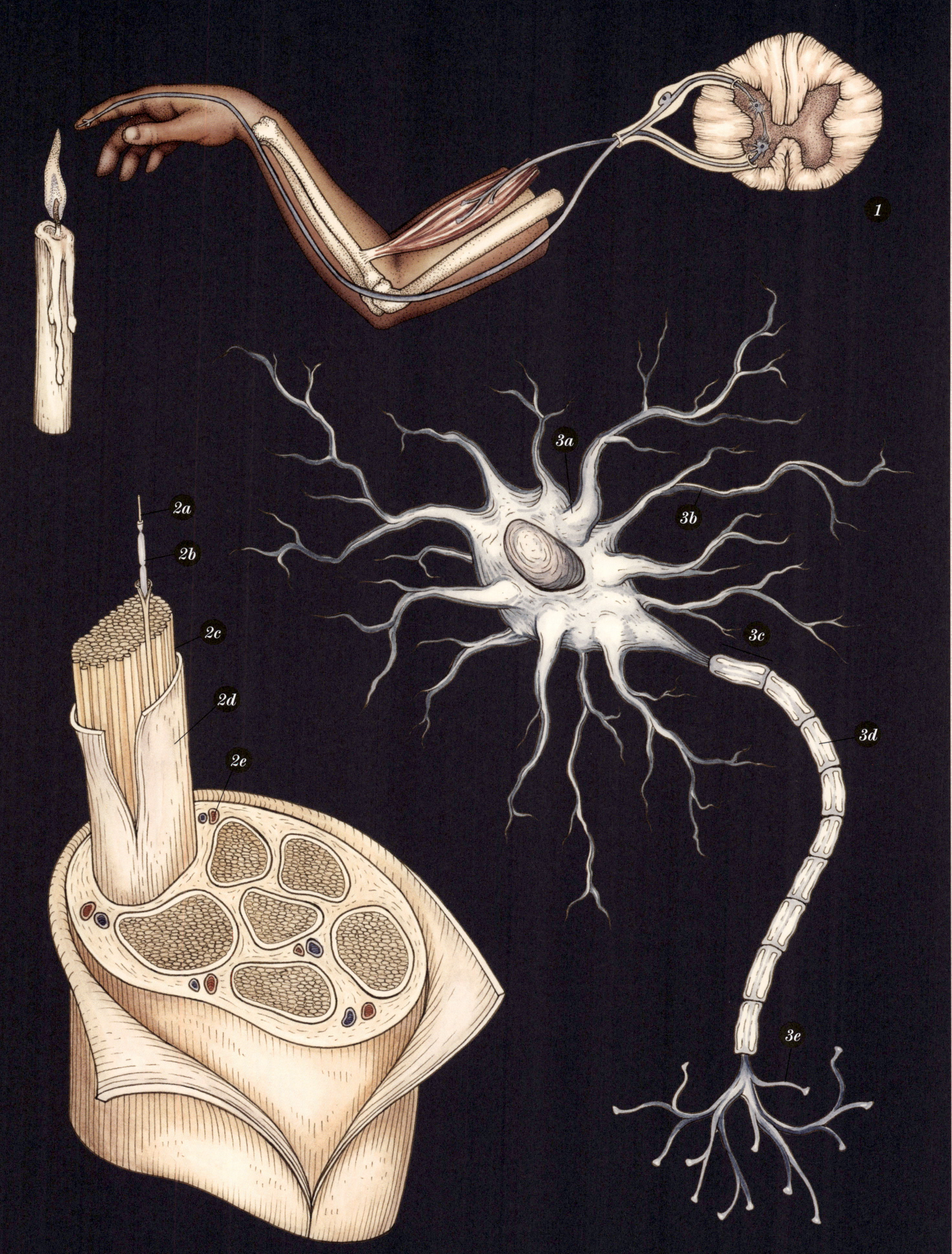

신경계와 감각 기관

눈

눈은 한 쌍의 공 모양 기관이다. 머리뼈의 눈구멍 또는 눈확이라고 부르는 두 둥근 구멍 안에 들어 있다. 각 눈알은 탁구공만 하며, 빛을 받아서 이 정보를 뇌가 상이라고 이해할 수 있는 전기 신호로 바꾼다.

빛은 눈동자라는 작은 구멍을 통해 눈으로 들어온다. 눈 한가운데에 있는 검은 '점'이다. 이 구멍은 바깥 세계에 열려 있지 않다. 각막이라는 투명한 막이 눈알 표면을 덮고 있다. 각막은 눈을 보호하면서 들어오는 빛의 초점을 맞춘다. 각막은 깨끗한 유리창처럼 투명해야 하므로, 몸에서 혈관이 없는 유일한 조직이다. 피 대신에 눈물이 얇은 막을 이루며 각막을 감싸 눈을 촉촉하게 적시고 영양분을 제공한다.

눈동자 주위에는 홍채가 둘러싸고 있다. 홍채는 눈동자의 크기를 조절하고 눈에 색깔을 띠게 하는 색소를 지닌 근육 고리다. 홍채의 근육은 밝은 빛에 노출되면, 자동으로 움직여서 눈동자를 더 작게 하여 들어오는 빛의 양을 줄인다. 빛이 약할 때에는 반대로 눈동자가 커져서 빛이 더 많이 들어온다. 눈에 들어온 빛은 수정체를 지난다. 수정체는 작고 투명한 렌즈로서, 빛을 구부려서 눈알 뒤쪽에 닿도록 한다. 수정체 양쪽에 연결된 근육이 수정체의 모양을 조절하여 가까이 있는 물체를 볼 때는 더 두꺼워지고, 멀리 있는 물체를 볼 때는 더 얇아진다. 이 근육이 약해지면, 초점을 맞추고 상이 선명해 보이도록 돕는 안경을 써야 한다.

눈의 뒤쪽 망막에는 빛을 감지하는 감각세포 수백만 개가 있다. 이 세포는 빛의 메시지를 뇌가 받을 수 있는 전기 신호로 바꾼다. 이 세포 중 약 700만 개는 원뿔세포로서 색깔을 감지하지만, 빛이 약할 때는 제 기능을 못한다. 나머지 1억 개는 막대세포다. 막대세포는 빛에 훨씬 더 민감해서 약한 빛에서도 잘 볼 수 있지만, 색깔을 보지는 못한다. 밤에 눈앞이 흑백으로만 보이는 이유가 바로 그 때문이다. 막대세포와 원뿔세포는 정보를 받으면, 눈 뒤쪽의 시신경을 통해서 뇌로 보낸다. 놀랍게도 이 모든 과정은 1초도 안 되어 이루어지며, 사람의 눈은 1초에 거의 1,000장의 영상을 처리할 수 있다.

그림 설명

1: 망막(눈 뒤쪽)
혈관은 눈 뒤쪽의 중심오목 주위를 덮고 있다. 중심오목은 원뿔세포가 가장 촘촘히 모여 있는 약간 오목한 부위로서, 빛줄기들이 모이는 곳이다. 눈 뒤쪽에는 눈과 귀를 연결하는 시신경도 있다.

2: 눈의 근육
a) 앞면
b) 옆면
눈의 바깥쪽에는 세 쌍의 뼈대근이 붙어 있어서, 눈을 좌우, 위아래로 움직이고 굴릴 수 있다. 우리는 눈을 마음먹은 대로 움직일 수 있지만, 왼눈과 오른눈은 늘 함께 움직인다.

3: 홍채와 눈동자
홍채는 눈동자를 둘러싸고 있으며 색소를 지닌 조직의 고리다. 눈동자는 홍채 한가운데 난 구멍이다. 빛이 눈으로 들어와서 망막으로 향하는 곳이다.

4: 눈동자 안
a) 각막: 눈알을 덮고 있는 투명한 막
b) 홍채: 색소를 지닌 조직 고리
c) 눈동자: 빛이 눈으로 들어오는 곳
d) 수정체: 빛의 초점을 모으는 곳으로, 양쪽에 붙은 근육이 수정체의 모양을 바꾼다.
e) 유리체액: 눈알 안에 들어 있는 투명한 젤리 같은 물질
f) 망막: 눈알 뒤쪽에 있는 감각 층
g) 시신경: 눈에서 뇌로 감각 정보를 전달한다.

5: 눈물
a) 눈물샘
b) 눈물관
속눈썹, 눈꺼풀, 눈물샘은 눈의 손상을 막는다. 눈물은 눈알 표면을 축축한 상태로 유지하며, 눈을 씻어 내기도 한다. 눈이 따끔거릴 때 눈물이 나기 시작하는 이유가 그 때문이다. 눈물이 많아지면 바깥으로 흘러넘치거나 눈물관을 통해 코로 빠져나간다. 울 때 콧물도 흐르는 이유가 그 때문이다.

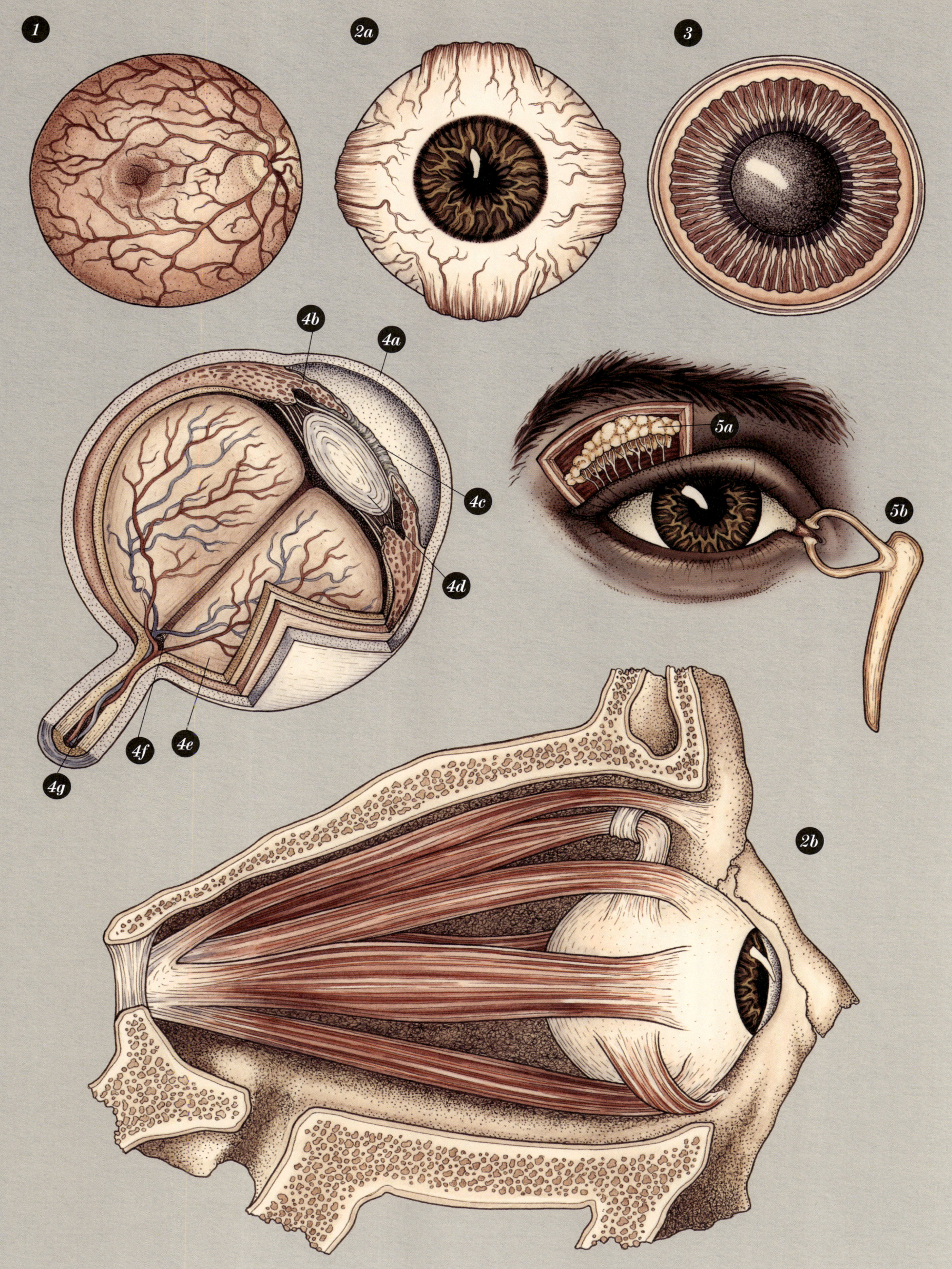

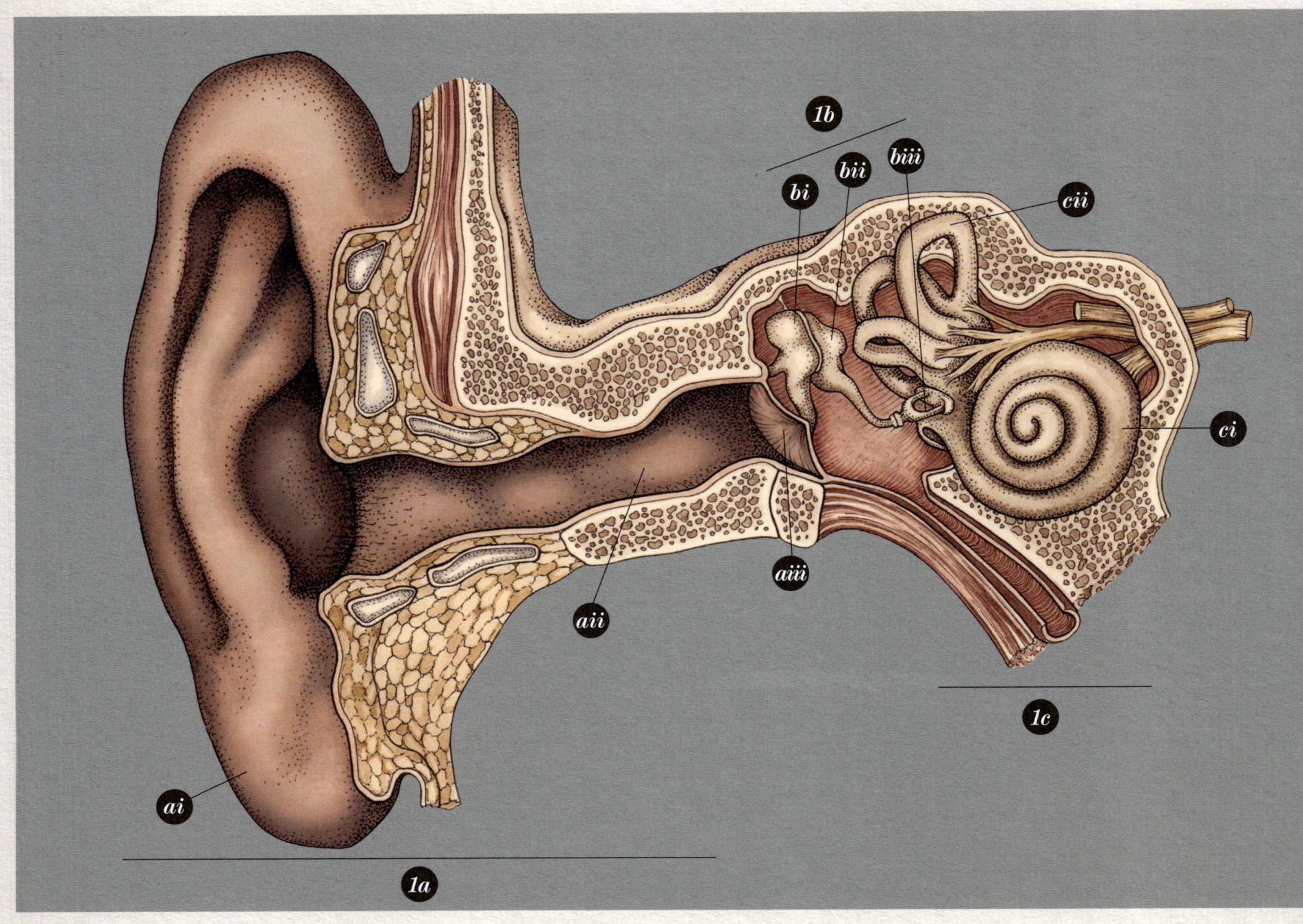

신경계와 감각 기관

귀

　귀에서 우리가 볼 수 있는 부분은 사실 머리 깊숙한 곳까지 뻗어 있는 복잡한 기관의 바깥쪽에 불과하다. 귀는 바깥귀, 가운데귀, 속귀의 세 부분으로 나뉜다. 각각 기능이 다르다. 바깥귀는 소리를 모으는 역할을 한다. 가운데귀는 소리를 진동으로 바꾼다. 속귀는 진동을 뇌가 처리할 수 있는 신경 신호로 바꾼다. 머리 양쪽에 달려 있는 바깥귀는 탄성 연골이라는 탄력 있는 물질로 이루어진다. 우리 주변의 모든 것에서 나는 소리들을 모아서 바깥귀길로 들여보내기 알맞은 모양이다. 길이 2.5센티미터의 바깥귀길은 머리뼈 표면에 난 입구로부터 고막까지 이어진다. 고막은 음파가 닿으면 진동하는 팽팽한 막이다. 또 먼지 같은 것이 더 안쪽으로 들어오지 못하게 막는 물리적 장벽 역할도 한다.

　고막의 안쪽에는 가운데귀가 있다. 공기가 차 있는 이 공간에는 작지만 아주 중요한 뼈 세 개가 있다. 바로 귓속뼈다. 망치뼈, 모루뼈, 등자뼈라는 세 뼈로, 고막을 속귀의 달팽이관과 연결한다. 달팽이관은 달팽이 껍데기와 모양이 비슷해서 그런 이름이 붙었다. 완두콩만 한 돌돌 말린 관으로서, 액체와 수천 개의 아주 작은 털이 들어 있다. 음파가 고막을 진동시킬 때, 발생하는 진동은 귓속뼈를 통해 달팽이관으로 전달된다. 그러면 달팽이관의 액체와 털이 움직이면서 전기 신호를 일으키고, 그 신호가 뇌로 전달되어 소리로 해석된다. 이 미세한 털은

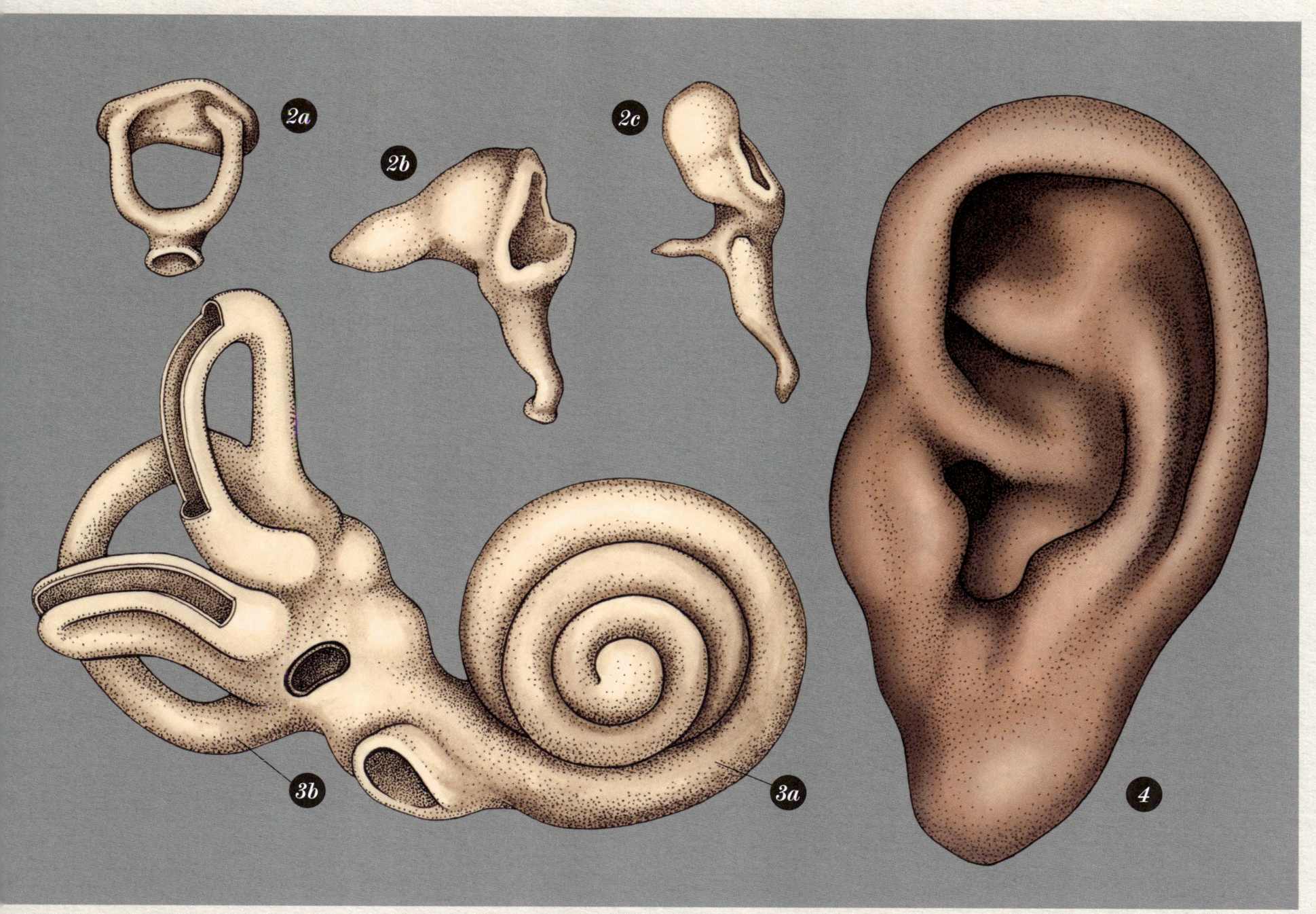

아주 큰 소리에 손상되거나, 시간이 흐르면서 악화될 수 있다. 그것이 바로 노인들의 귀가 나빠지는 주된 이유다.
    귀는 듣는 역할 외에, 평형 감각에도 핵심적인 역할을 한다. 속귀에는 반고리관이라는 얇고 둥근 관들이 있다. 달팽이관 옆에 놓여 있으며, 마찬가지로 액체와 더 많은 작은 털이 들어 있다. 반고리관의 액체와 털은 머리가 움직일 때마다 따라서 움직임으로써, 우리가 어느 방향으로 가는지를 뇌에 알려 준다. 뇌는 위치 변화에 빠르게 반응할 수 있으며, 그래서 우리가 넘어지는 것도 막아 준다. 그러나 이 과정이 우리가 바라는 만큼 언제나 잘 작동하는 것은 아니다. 몸은 멈춰 섰더라도 반고리관 속 액체가 계속 움직이면, 우리는 어지러움을 느낀다.

그림 설명

1: 귀
a) 바깥귀: 귓바퀴(*i*)와 바깥귀길(*ii*)로 이루어진다. 바깥귀길의 안쪽 끝에 고막(*iii*)이 있다.
b) 가운데귀: 몸에서 가장 작은 세 뼈인 망치뼈(*i*), 모루뼈(*ii*), 등자뼈(*iii*)가 고막의 진동을 속귀로 전달한다.
c) 속귀: 달팽이관(*i*)과 반고리관(*ii*)은 음파의 진동을 뇌가 해석할 수 있는 전기 신호로 바꾼다.

2: 귓속뼈
a) 등자뼈
b) 모루뼈
c) 망치뼈

3: 속귀
a) 달팽이관
b) 반고리관

4: 바깥귀
바깥귀는 오로지 소리를 모아서 가운데귀로 보내는 역할만 한다. 그러나 다른 흥미로운 특징도 몇 가지 지닌다. 바깥귀의 모양은 사람마다 다르다. 그래서 귀의 모양을 지문처럼 쓸 수 있지 않을까 하는 주장도 나왔다! 또 바깥귀는 어른이 된 뒤에도 계속 자라는 부위 중 하나다. 남성의 바깥귀는 더 그렇다.

신경계와 감각 기관

코와 혀

우리 후각과 미각은 엄청나게 많은 물질을 검출하고 알아볼 수 있다. 현대 인류에게 이 감각들은 식욕을 자극하거나 옛 기억을 떠올리게 하는 용도로 주로 쓰인다. 물론 유독한 화학 물질이나 썩은 고기 같은 잠재적인 위험을 경고해 주기도 한다. 설령 그렇다고 해도, 대개는 필수적인 감각이라고 여겨지지 않는다. 그러나 오래전에는 이런 감각들이 우리 생존에 훨씬 더 중요했다. 역겨운 냄새나 맛이 일으키는 거부감은 배설물, 더러운 물, 세균이 득실거리는 음식 등 옛날에는 으레 마주쳤던 것들에서 생길 수 있는 생명을 위협하는 감염으로부터 몸을 안전하게 지키는 데 도움을 주었다.

사람은 평균 수십억 가지 냄새를 구별할 수 있다고 한다. 후각은 태어날 때 가장 예민하다. 신생아가 엄마를 알아볼 수 있도록 돕기 위해서다. 냄새는 우리 주변의 공기에 떠다니는 냄새 분자를 검출하면서 맡는다. 우리가 호흡할 때, 냄새 분자는 콧구멍을 통해 코안으로 들어온다. 코안은 코 안쪽에 있는 큰 공간이다. 코안의 천장에는 냄새를 검출하여 '냄새'를 전기 자극으로 전환하는 후각 수용체 세포가 수백만 개 있다. 이 신호는 후각신경을 통해서 뇌로 전달된다.

비록 사람의 후각이 미각보다 1만 배 더 강하다고 하지만 둘은 긴밀하게 얽혀 있다. 냄새를 잘 못 맡게 되면 음식의 맛도 달라진다. 감기에 심하게 걸렸거나, 코를 손으로 쥐어 막은 채 음식을 먹으면, 맛이 다르다는 것을 알 수 있다.

혓바닥에는 맛 감지기가 수천 개 있으며, 혀유두라는 작은 돌기들에 들어 있다. 맛봉오리라는 이 특수한 맛 감지기는 우리가 먹는 음식에 든 화학 물질을 검출하여 뇌로 메시지를 보낸다. 오랫동안 사람들은 우리가 맛볼 수 있는 음식의 기본 맛이 4가지라고 생각했다. 단맛, 신맛, 짠맛, 쓴맛이다. 그런데 감칠맛이라는 다섯 번째 맛이 있다는 것이 최근에 알려졌다.

그림 설명

1: 코
a) 바깥코: 주로 연골로 이루어져 있으며, 냄새 분자가 콧구멍(*i*)을 통해 코안으로 들어오는 곳이다.
b) 코안: 머리뼈 안의 이 공간은 후각신경(*i*)이 모여 있는 곳이다. 후각신경은 공기에서 냄새 분자를 검출하여 전기 신호로 바꾼 다음 뇌로 보내는 신경이다.

2: 혀
혀는 입안에 자리하며, 몇 개의 근육으로 이루어져 있다. 위쪽 표면에는 수많은 맛봉오리가 있어서 5가지 맛을 검출한다. 단맛, 짠맛, 신맛, 쓴맛, 감칠맛이다.

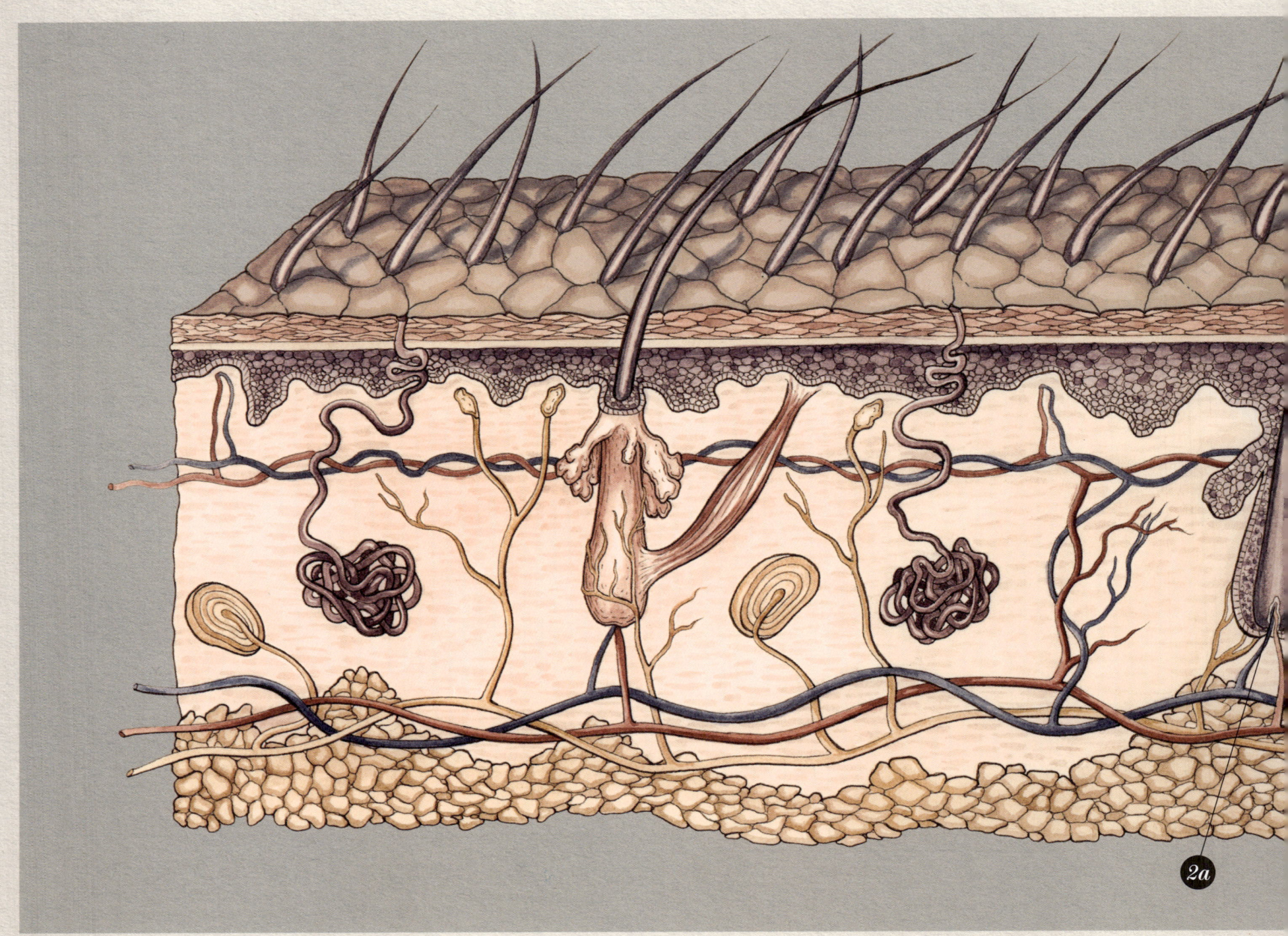

신경계와 감각 기관

피부

시각, 청각, 후각, 미각과 함께 촉각은 다양한 외부 자극을 느끼게 하는 중요한 감각이다. 피부 속에는 미세한 촉각 감지기들이 들어 있다. 몸 전체를 뒤덮고 있는 피부는 피부계에 속한다. 피부계는 피부, 털, 손발톱을 포함한 여러 구조들의 집합으로서, 우리와 바깥 세계 사이에 유연한 장벽을 형성한다. 피부는 가장 눈에 띄는 기관이면서, 무게와 표면적을 기준으로 할 때 가장 큰 기관이다. 놀랍게도 초기 해부학자들은 피부를 무시하곤 했고, 대개 그 안의 장기와 조직에만 관심을 보였다. 과학적 발견이 계속되고, 현미경 같은 기구가 발명되면서야 해부학자들은 피부를 더 자세히 살펴보고 피부가 어떤 중요한 일들을 하는지를 많이 밝혀낼 수 있었다.

피부는 두 층으로 이루어져 있다. 위층인 표피는 몇 겹의 피부세포로 이루어져 있으며, 몸을 감싸서 보호하는 방수층이다. 표피의 피부세포는 마치 돌아가는 컨베이어벨트에 있는 것처럼 새로 자라고 증식하여 피부의 표면으로 계속 올라오면서 늘 열심히 일한다. 사실 맨 바깥에 있는 피부세포는 죽은 세포이고, 매일 수백만 개의 피부세포가 피부에서 떨어져 나간다. 표피에는 해로운 자외선으로부터 피부를 가리는 보호 물질인 멜라닌을 생산하는 세포도 있다. 몸이 직사광선에 노출되면, 피부는 자외선을 방어하기 위해 멜라닌을 더 많이 생산하며, 그 결과 피부가 더 짙은 색깔을 띠게 된다. 표피 밑에는 진피가 있다. 튼튼하면서 신축성 있는 단백질로 이

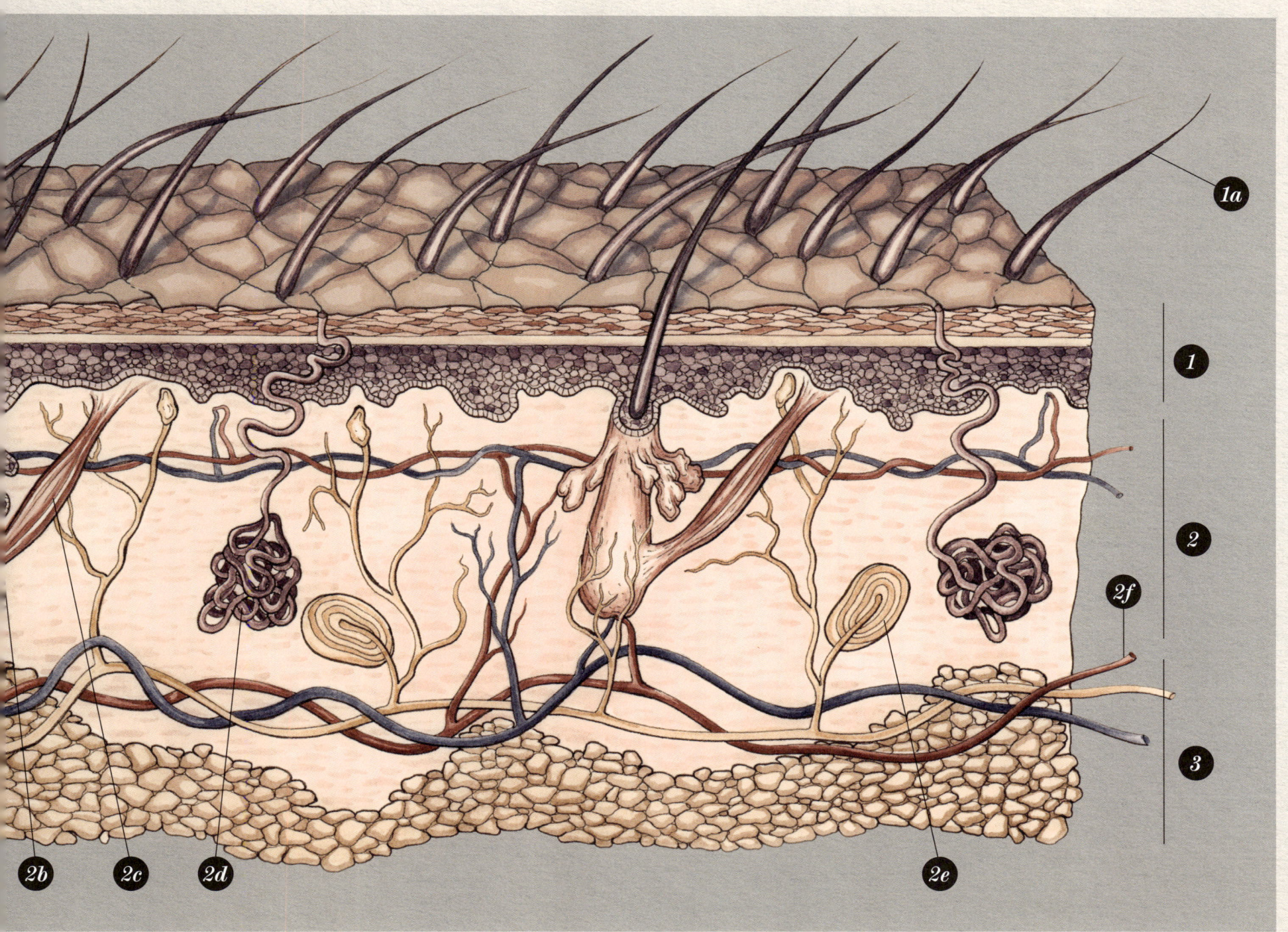

루어지고 표피보다 더 두꺼운 층이다. 진피에는 털과 땀샘이 있고, 무수한 신경 말단이 들어 있다. 신경 말단은 우리에게 촉감을 전하는 감각 수용기다. 온몸에 퍼져 있지만, 얼굴과 손가락 같은 곳에는 더 많이 모여 있다.

감각 수용기는 종류에 따라서 서로 다른 유형의 자극에 반응한다. 기계 수용기는 압력이나 진동 같은 기계적 자극에 반응한다. 차갑거나 더운 온도에 반응하는 감지기는 온도 수용기라고 하며, 통증에 반응하는 감지기는 통각 수용기라고 한다. 마지막은 자기 수용기(고유 감각기)로서 자기 몸이 어떤 위치에 있는지를 알려줌으로써 움직임을 조정하는 데 도움을 준다. 촉감은 우리의 안전에 매우 중요하다. 촉감이 없다면 걸을 때 발이 땅에 닿는 것도 느낄 수 없을 것이고, 물건을 쥐고 다룰 수도 없고, 통증을 느끼지도 못할 것이다. 특히 통증은 우리가 해를 입지 않도록 몸을 보호하는 데 매우 중요하다. 몸에 위험을 알리는 경고이기 때문이다.

그림 설명

1: 표피
피부의 맨 바깥층으로, 여러 겹의 피부세포로 되어 있다.
a) 털줄기

2: 진피
a) 털뿌리
b) 피부기름샘
c) 털세움근: 소름이 돋을 때 털을 바짝 세운다.
d) 땀샘

e) 감각 수용기
f) 진피 혈관

3: 피부밑 조직
피부 밑의 지방층이다.

인체 박물관

5 전시실

면역계와 림프계

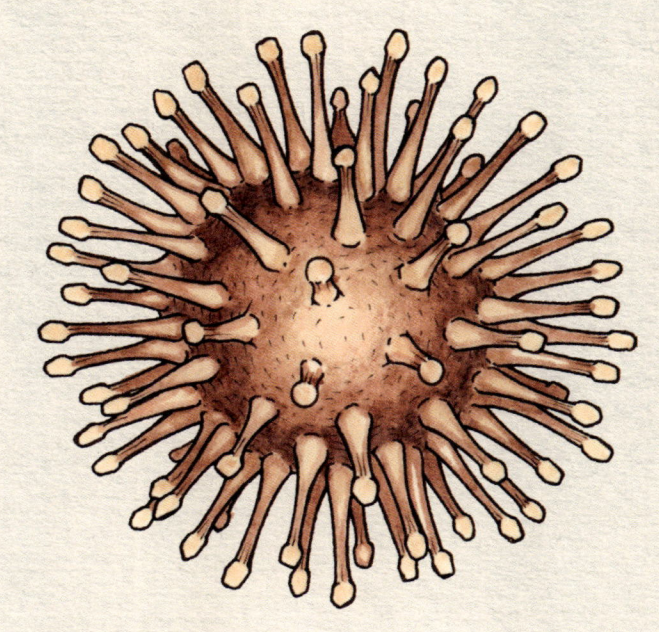

면역계와 림프계

질병과 방어

면역계와 림프계

면역계와 림프계

우리가 매일 마주치는 수많은 위험한 병균에 맞서 우리 몸을 지키는 군대가 있다고 상상해 보자. 바로 면역계가 그 역할을 한다. 면역계는 몸의 주된 보호 수단이다. 면역계는 림프계와 함께, 질병에 맞서 끊임없이 전투를 벌인다.

면역계는 해로운 세균이나 외래 물질에 맞서서 몸을 지키는 일을 하는 세포, 조직, 기관의 집합이다. 면역계의 핵심 세포 중 하나는 백혈구다. 백혈구는 피에 들어 있으며(32쪽 참조), 질병에 맞서 싸우는 조직인 림프 기관에도 들어 있다. 가슴샘, 지라, 편도, 림프샘(림프절)이 이런 림프 기관에 속한다. 면역계에서 가장 큰 기관은 지라다. 지라는 피를 거르며 낡거나 손상된 혈구를 피에서 제거하는 일을 한다. 또 세균과 바이러스를 공격할 항체(78쪽 참조)를 생산하는 백혈구를 만들고, 피를 저장한다. 언제나 한 컵 분량의 피를 담고 있다.

림프계는 온몸으로 뻗어 있는 작은 림프관들과 목, 겨드랑이, 사타구니에 모여 있는 면역 조직 집합인 림프샘으로 이루어진 드넓은 연결망이다. 림프샘은 몸에 들어온 외래 물질을 걸러 내는 미세한 체 역할을 한다. 침입자를 가두고 감염에 맞서 싸울 때에는 부풀어 오른다. 면역계의 일부인 림프계는 질병에 맞서 싸우는 일을 돕는 한편으로, 몸속에 체액이 너무 많으면 흡수한다.

림프는 세포에서 스며 나오는 액체가 모인 것으로 물 같은 물질이다. 이런 액체가 몸에 쌓이면 몸 이곳저곳이 부어오르므로, 림프계는 모세혈관 가까이에 있는 벽이 얇은 림프관을 통해 이 지나치게 많은 액체를 빨아들인다. 림프는 이런 노폐물들을 청소하면서 림프관망을 통해 온몸을 돌아다니다가 심장 가까이에 있는 큰 정맥으로 비운다. 여기서 림프는 피와 섞여서 심장으로 들어가서 다시 순환된다.

그림 설명

1: 편도
목에 있는 세 쌍의 편도(림프 조직)은 감염에 맞서는 데 기여한다. 편도염에 걸리면 부풀어 오를 수 있다.

2: 겨드랑이의 림프샘
림프샘은 겨드랑이, 목, 사타구니에 있는 림프 조직의 작은 집합이다. 감염에 맞서 싸울 때면 부풀어 오르곤 한다.

3: 가슴샘
가슴뼈와 허파 사이, 복장뼈 뒤쪽에 있는 샘이다. T림프구(78쪽 참조)라는 특수한 방어 세포가 성숙하는 곳이다. 가슴샘은 십 대 때까지 가장 활발하게 일하다가, 그 뒤로 점점 줄어들면서 지방으로 대체된다.

4: 가슴림프관
몸의 림프관 중에서 가장 크다. 온몸에서 림프를 받아서 심장 근처 정맥으로 보낸다. 이 정맥에서 림프는 피와 섞여서 순환된다.

5: 지라
해파리처럼 생겼으며 부드럽고 짙은 붉은색을 띤 기관이다. 피를 저장하고 거르며, 백혈구를 만든다.

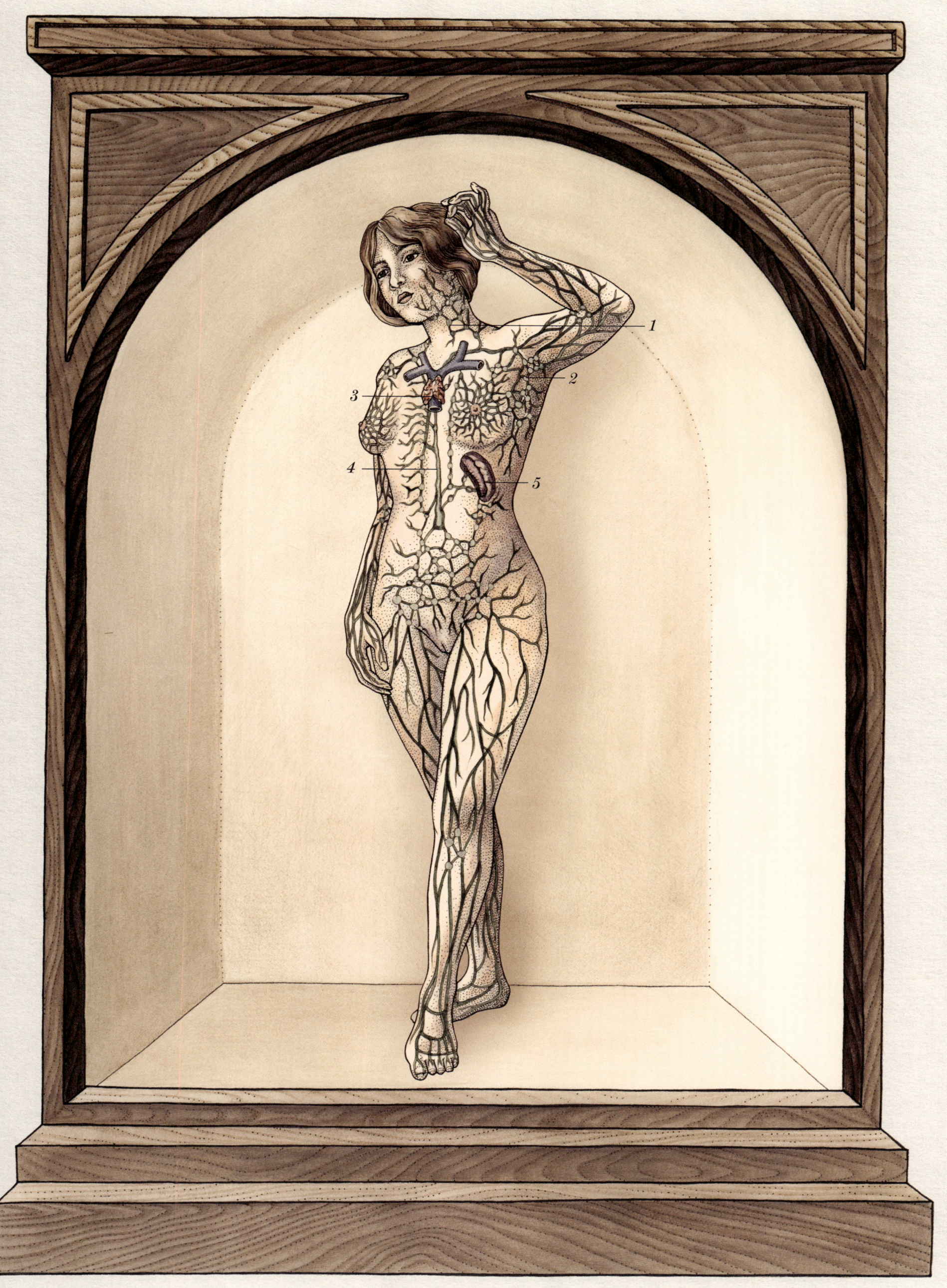

면역계와 림프계

질병과 방어

미생물은 너무 작아서 맨눈으로 볼 수 없는 작은 생물들이다. 세균, 바이러스, 아주 작은 동물, 곰팡이 같은 것들이며, 늘 우리 주위에 있다. 우리 몸에도 미생물이 가득하다. 소화 같은 과정에 도움을 주는 미생물이 많다. 유산균은 우유의 당을 소화하는 데 도움을 주고, 비피더스균은 장의 활동을 돕는다. 그러나 몸에 위험한 미생물도 있고, 질병을 일으키는 것도 있다. 백혈구는 이런 '나쁜' 세균을 찾아내어 빨리 제거하는 일을 한다.

백혈구는 여러 종류가 있고, 저마다 하는 일이 다르다. 대식세포는 아주 큰 세포로서, 몸 밖에서 들어온 외래 물질을 먹어치우거나 가두어서 없앤다. 이름 그대로 먹어치우는 커다란 세포다. 유달리 영리한 종류는 림프구다. 림프구는 두 종류가 있다. T세포와 B세포다. T세포(T림프구)는 질병을 일으키는 병균을 찾거나, 암 같은 병을 일으킬 가능성이 있는 비정상적인 세포를 찾아다닌다. B세포(B림프구)는 항체라는 단백질을 만든다. 항체는 해로운 병균에 일종의 꼬리표를 붙이듯이 달라붙는다. 그러면 다른 백혈구들이 그 병균이 해로운 줄 알아차리고 파괴한다. 항체가 더 많이 생산될수록 몸은 침입자에 더 강하게 맞서 싸울 것이다. 백혈구가 이 위협을 더 효율적으로 찾아내서 파괴할 수 있기 때문이다. 일단 항체가 생산되면, 면역계는 나중에 그 침입자가 다시 들어올 때에도 싸우는 법을 기억해 내 대항할 것이다. 이를 면역이라고 한다. 또 몸은 백신 접종을 통해서도 면역을 얻을 수 있다. 항체를 생성하기 위해 불활성화한 형태의 미생물인 백신을 몸에 주사하는 것이 예방접종이다. 소아마비와 천연두 같은 몇몇 심각한 질병들은 백신 접종 덕분에 거의 사라질 정도로 줄어들었다.

수명이 약 120일에 이르는 적혈구에 비해서, 백혈구는 약 3일밖에 못 산다. 그래서 골수(10쪽 참조)에서 계속 만들어져서 혈액과 림프 조직으로 나온다. 몸의 백혈구 수는 질병이 있는지 여부를 알려 주는 좋은 지표다. 백혈구 수가 적으면 질병에 취약하다는 뜻이다. 해로운 물질에 맞서 싸울 세포의 수가 줄어들었기 때문이다. 백혈구 수가 많다는 것은 무언가에 감염되어 있다는 뜻일 때가 많다. 백혈구는 침입자를 찾아서 없애기 위해서 불어나기 때문이다.

그림 설명

1: 세균
a) 막대균(간균): 대장균(*i*)같이 막대 모양으로 생긴 세균이다. 소화관에 살며, 홀로 살기도 하고 서로 연결되어 긴 사슬을 이루기도 한다.
b) 알균(구균): 공처럼 둥근 모양의 세균이다. 홀로 살거나, 서로 합쳐져서 쌍알균(쌍구균)(*i*)이나 포도알균(*ii*)을 이루기도 한다.
c) 나선균: 구부려져 있거나 비틀린 모양의 세균이다.

2: 바이러스
a) 나선형: 관 모양. 두꺼운 외피가 있다.
b) 다면체형: 정십이면체 같은 모양이다. 공 모양인 것(*i*)도 있다.
c) 복합형: 다면체형 머리에 나선형 꼬리가 붙어 있다. 박테리오파지라고 하며, 세균에게만 감염되는 바이러스다.

3: 백혈구
a) 중성구(호중구): 가장 흔한 종류의 백혈구로서, 약 60퍼센트를 차지한다. 세균과 손상된 조직을 제거한다.
b) 림프구: 백혈구 중 20~40퍼센트를 차지한다. B림프구는 제거할 세포를 식별하는 데 도움을 주는 항체라는 단백질을 만든다. T림프구는 바이러스나 암세포 같은 이질적인 물질을 공격한다.
c) 단핵구: 백혈구 중에서 가장 크며, 죽은 세포와 세균을 삼켜서 없애는 대식세포로 변한다.
d) 호산구: 알레르기 반응을 조절하며 기생충을 없앤다.
e) 호염기구: 백혈구 중 수가 가장 적은 종류이다. 기생충 감염에 맞서고, 꽃가루나 곤충의 침에 대해 몸이 일으키는 반응 같은 알레르기 반응을 조절하는 데 중요하다.

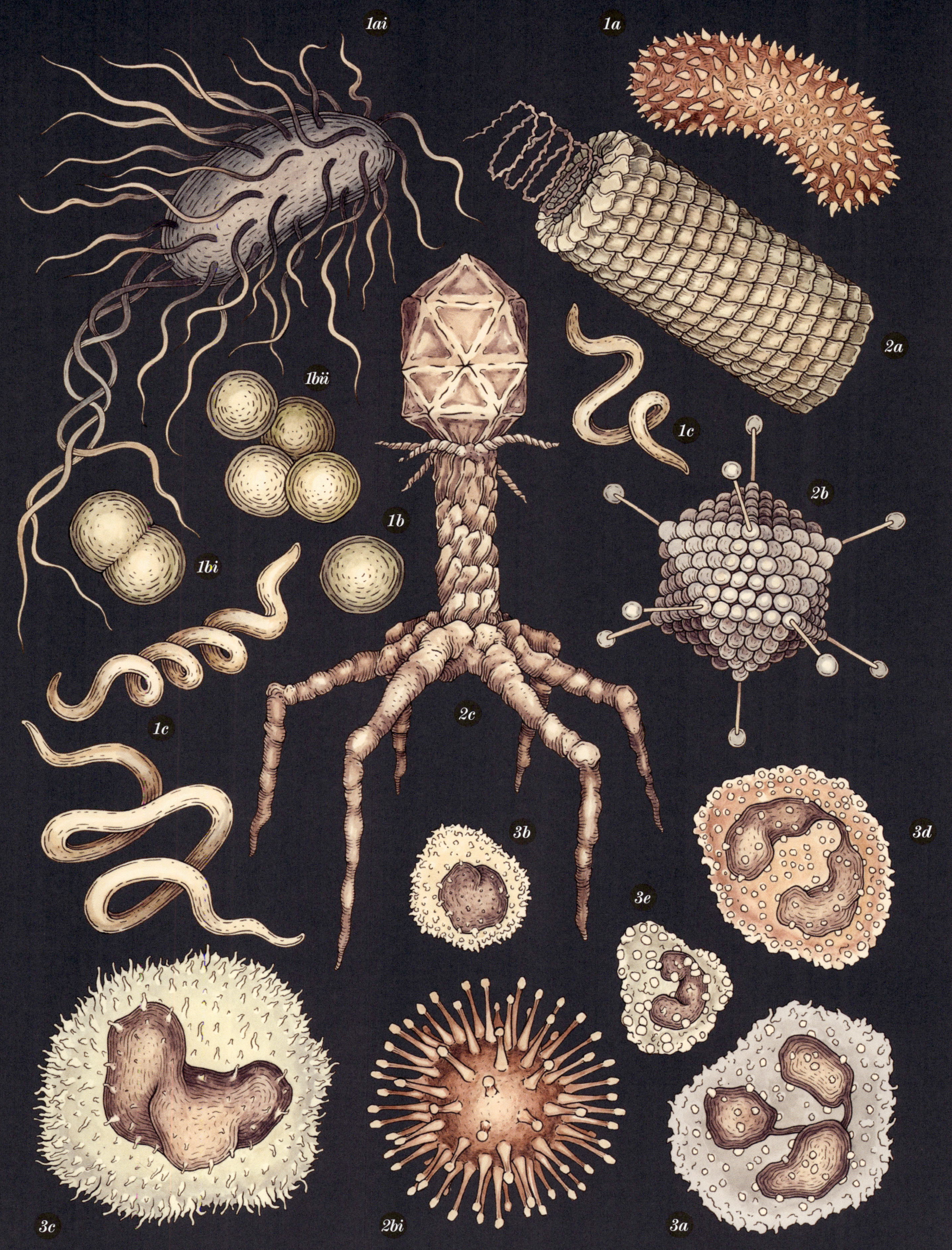

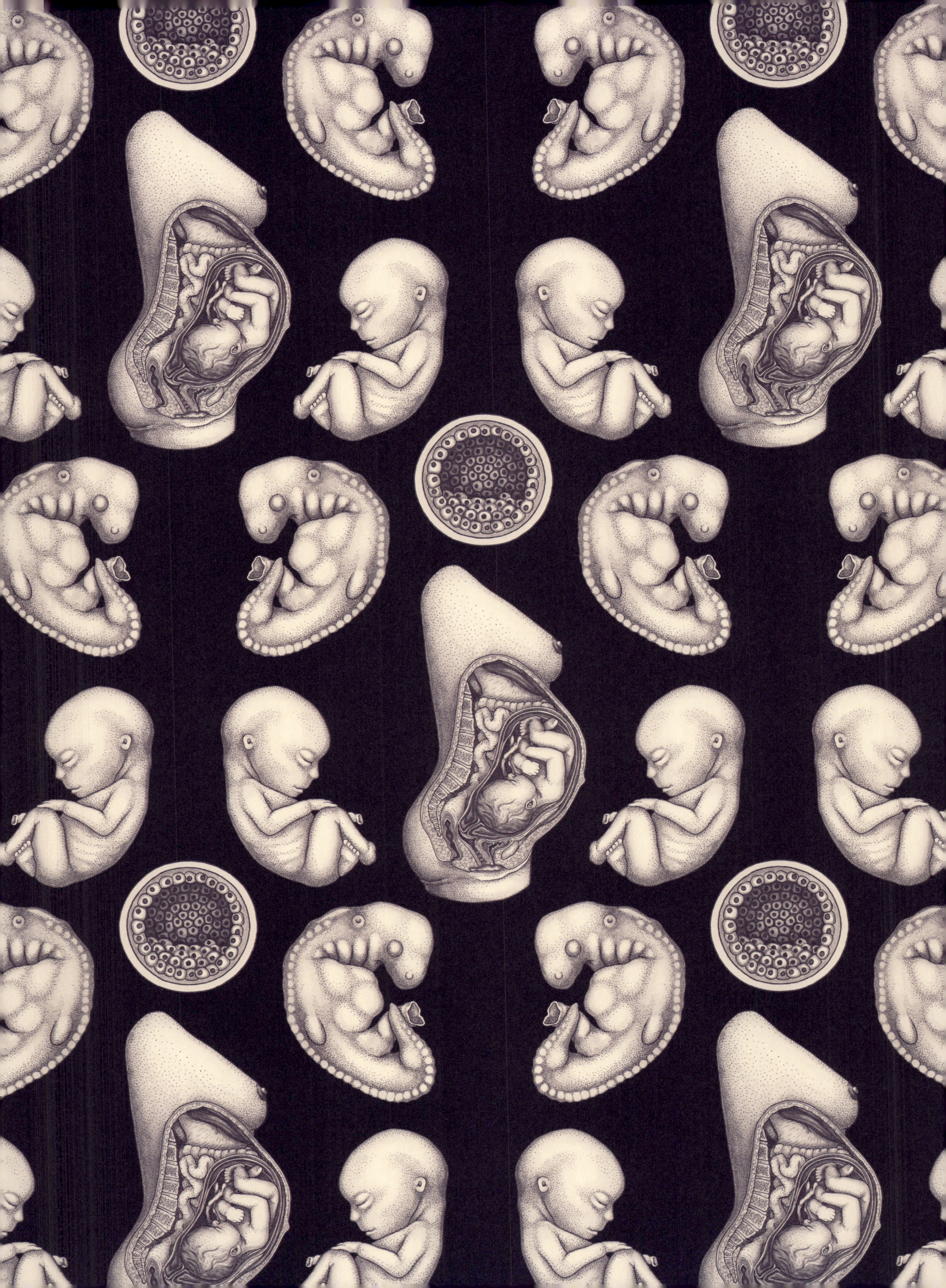

인체 박물관

6 전시실

내분비계와 생식계

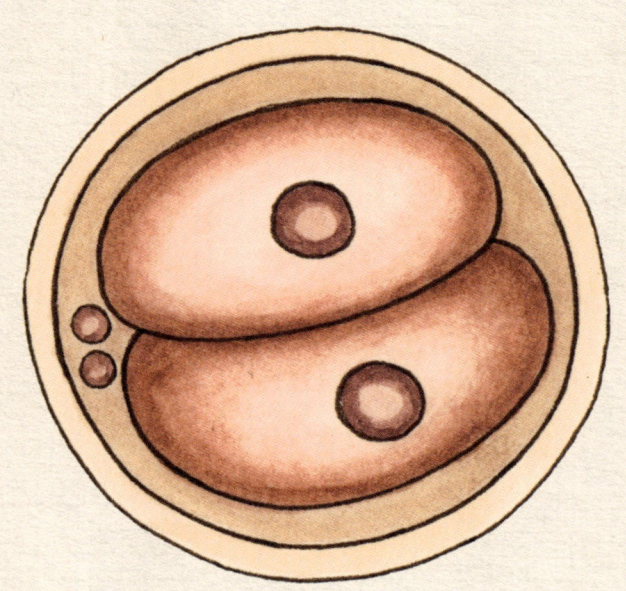

내분비계
사춘기
남성 생식계
여성 생식계
아기의 발달

내분비계와 생식계

내분비계

60가지가 넘는 화학 물질의 전령이 혈액을 타고 돌면서 몸의 다양한 부위에 명령을 전달한다. 이 전령을 호르몬이라고 한다. 호르몬은 성장, 수면, 심지어 기분도 조절한다. 우리 핏속에 있는 호르몬의 양은 나이와 성별, 심지어 하루 중 몇 시인지에 따라서도 달라질 수 있다! 중요한 점은 호르몬 덕분에 우리 신체의 각 부위들이 서로 '대화'를 나눌 수 있다는 것이다. 신경계가 전기 신호를 통해서 온몸으로 메시지를 보내는 것과 비슷하다. 다른 점은 호르몬이 피를 통해 전달된다는 것이다. 그래서 메시지가 전달되는 시간이 신경 신호보다 훨씬 오래 걸린다. 종이 편지를 우편으로 부치는 속도와 이메일을 전송하는 속도가 다른 것과 비슷하다.

호르몬은 내분비계의 샘과 기관에 있는 특수한 세포가 생산한다. 주요 내분비 기관 중 하나는 이자다. 이자는 혈당을 조절하는 호르몬인 인슐린을 만든다. 이자가 인슐린을 만들지 못하면, 혈당을 낮추지 못해 당뇨병에 걸린다. 당뇨병 환자는 혈당을 조절하려면 인슐린 주사를 맞아야 한다.

깜짝 놀라거나 흥분하면, 아드레날린이라는 강력한 호르몬이 왈칵 분비된다. 콩팥 위에 붙은 부신에서 생산되는 호르몬인 아드레날린은 심장을 더 빨리 뛰게 하고, 숨도 더 빨리 쉬게 하고, 눈동자를 넓힌다. 이때 피가 팔다리의 근육 쪽으로 몰려가기 때문에 피부가 더 창백해지고, 온몸이 긴장될 수 있다. 이런 반응은 아드레날린이 몸을 위험에 맞서거나 달아나도록 준비시킬 때 자동적으로 일어난다. 이것을 '싸움-도피 반응'이라고 한다. 이 반응은 대체로 물리적 위협으로 생기지만, 감정도 이 강력한 반응을 촉발할 수 있다.

---그림 설명---

1: 시상하부
뇌의 이 영역이 뇌하수체로 메시지를 보내서 기분에 영향을 미치고 허기, 갈증, 체온을 조절하는 호르몬을 생산하라고 명령한다.

2: 뇌하수체
이 샘은 사춘기를 촉발하고 생식세포의 유지와 발달에 기여하는 성호르몬을 비롯하여, 성장과 발달을 조절하는 호르몬을 분비한다.

3: 솔방울샘
뇌의 이 샘은 수면을 조절하는 호르몬을 생산한다.

4: 갑상샘
목에 있는 이 샘은 대사를 조절하는 호르몬을 생산한다. 대사는 몸 안에서 물질을 분해하고 흡수하고 합성하는 모든 화학 변화를 뜻한다.

5: 가슴샘
T세포(림프구의 한 종류)를 건강하게 유지하는 일을 돕는 호르몬을 만든다. 갑상샘은 어린이일 때 가장 크며, 사춘기 때 줄어든다.

6: 부신
콩팥 위에 있으며, '싸움-도피 호르몬'인 아드레날린을 만든다. 혈압을 조절하는 호르몬(알도스테론)과 스트레스를 조절하는 호르몬(코르티솔)도 만든다.

7: 난소(여성)
난소는 여성의 생리 주기와 임신을 조절하는 에스트로겐 같은 여성호르몬을 분비한다.

8: 정소(남성)
정자 생산, 뼈와 근육 증가, 털 성장에 중요한 물질인 테스토스테론 같은 남성호르몬을 분비한다.

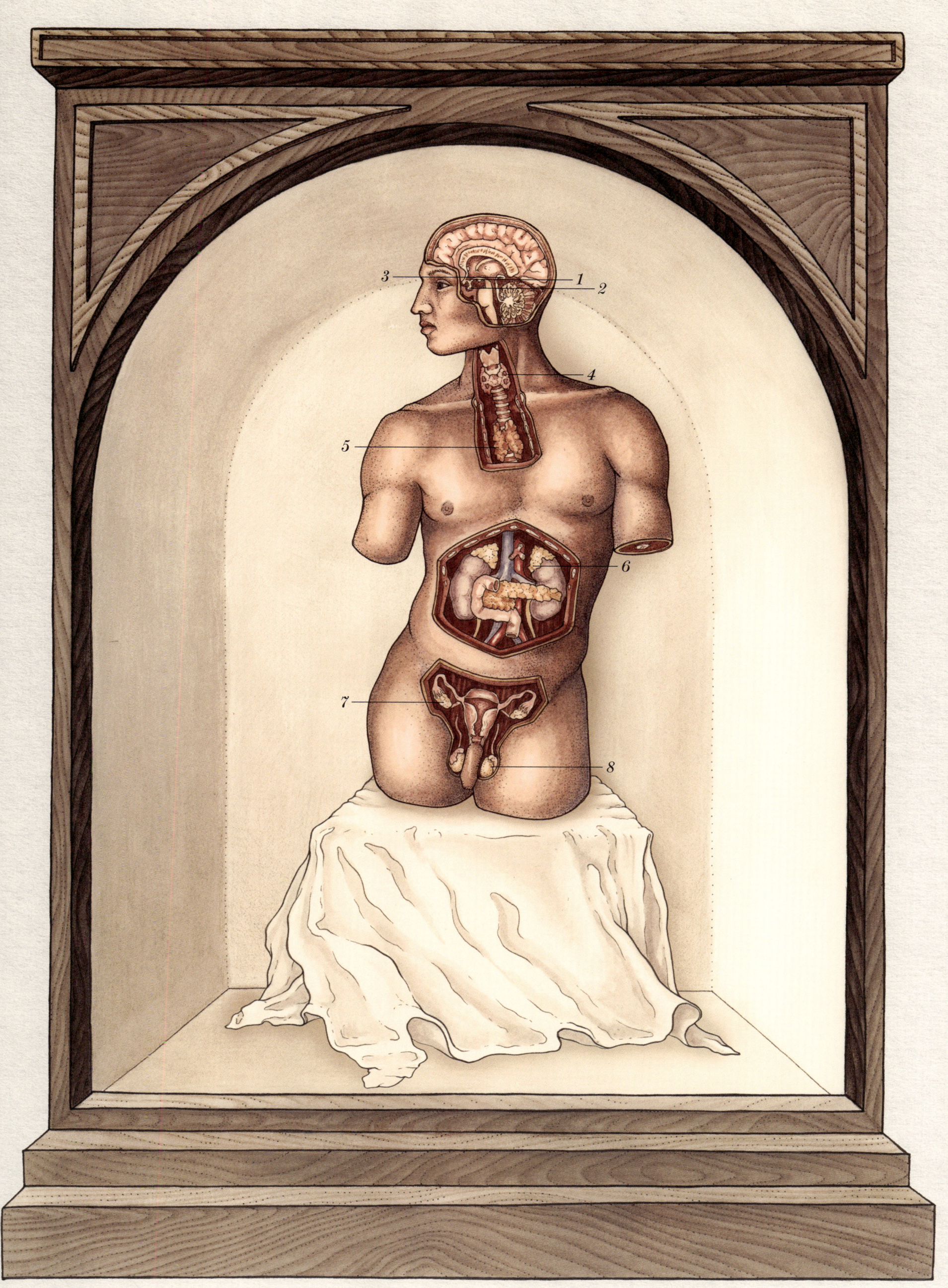

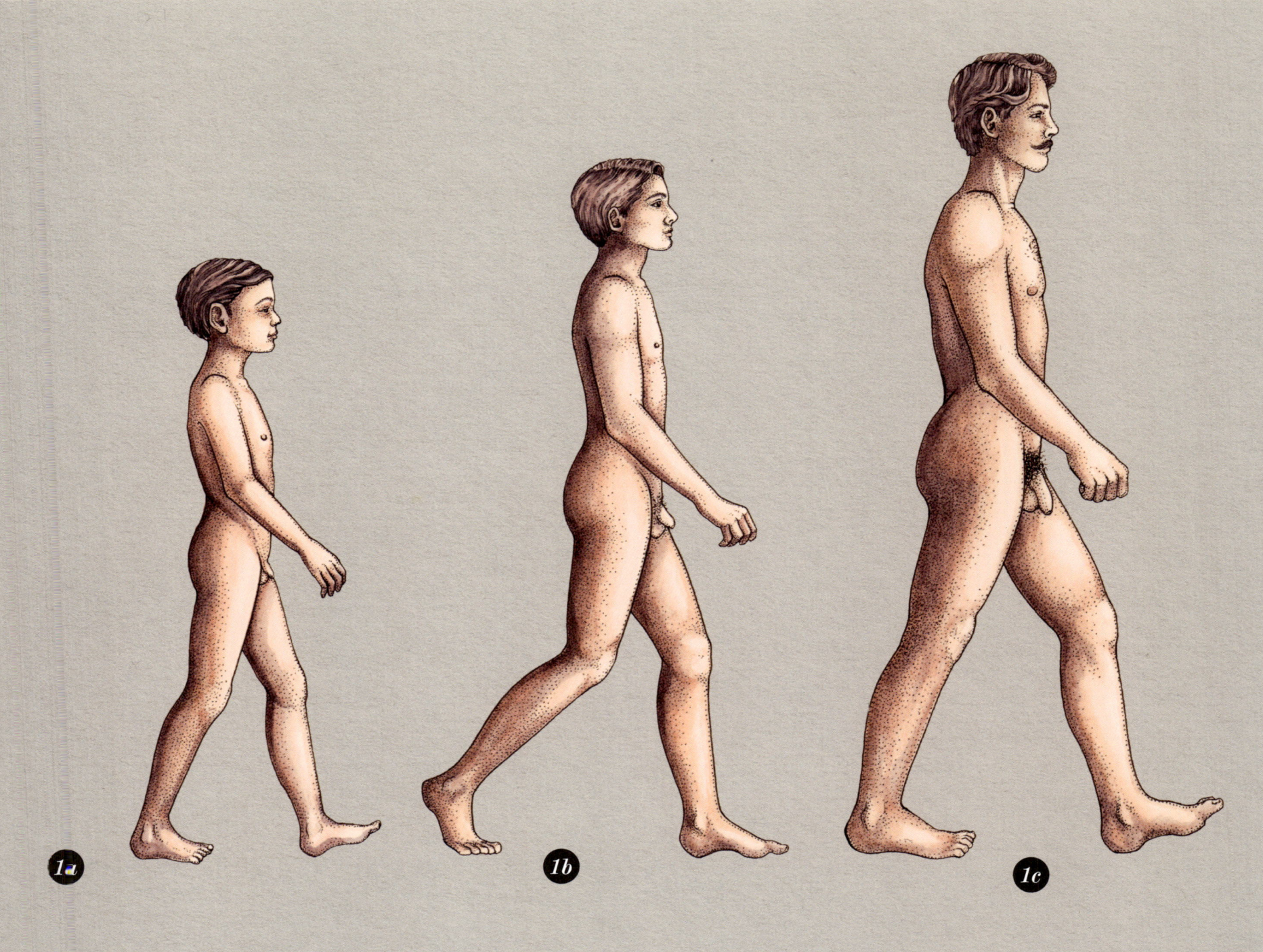

1a 1b 1c

내분비계와 생식계

사춘기

유년기에서 성년기로 넘어갈 때, 인체는 성장, 외모, 감정에 엄청난 변화를 겪는다. 이 전환기를 사춘기라고 하며, 호르몬 생산이 늘면서 온몸에 영향을 미치는 시기에 일어난다. 사춘기는 거의 8~14세에 시작되지만, 정확한 시점은 사람마다 다르다.

사춘기는 뇌의 시상하부가 뇌하수체의 호르몬 생산을 촉발하면서 시작된다. 그중 하나는 성장호르몬이다. 뼈를 크게 만드는 화학 물질이다. 그래서 사춘기 때 갑자기 키가 부쩍 크곤 한다. 1년에 10센티미터씩 자랄 수도 있다! 이 무렵에 다른 내분비샘들(82쪽 참조)에서도 호르몬들이 분비되기 시작하면서, 소년과 소녀 모두에게서 털이 자라도록 자극한다. 그 결과 온몸에 털이 더 나기 시작하는데, 주로 사타구니와 겨드랑이에 많이 난다.

성호르몬은 생식기관에서 생산되어, 생식기관을 발달시켜 번식할 수 있는 성숙한 형태로 만든다(86, 88쪽 참조). 소녀는 에스트로겐, 소년은 테스토스테론이 주로 생산된다. 소년의 생식기관은 정자를 만들기 시작하고, 소녀는 월경이 시작된다. 난소가 약 한 달 주기로 난자를 내놓고, 수정되면 아기로 발달하게 된다.

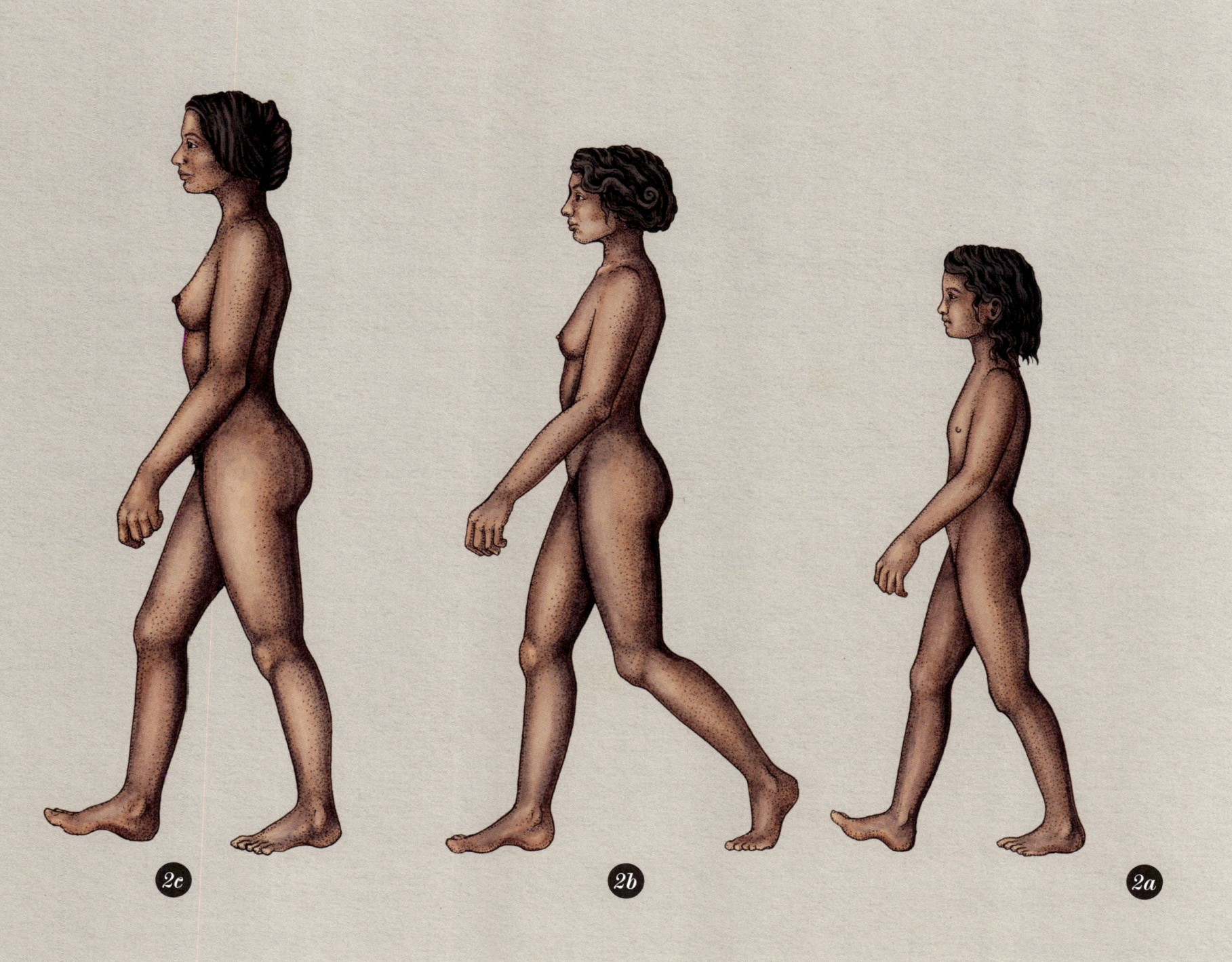

늘어나는 호르몬은 전반적인 체형에도 영향을 미쳐서, 남녀의 차이가 더 뚜렷해진다. 소년은 어깨가 넓어지고 근육이 두드러지는 경향이 있는 반면, 소녀는 대개 젖가슴과 엉덩이가 발달하면서 몸이 둥그스름해진다. 또 소년은 목소리가 더 굵어진다. 남녀 모두 호르몬 증가로 피부에 기름이 많아지고 땀 생산량이 증가하면서 여드름이 나곤 한다. 신체 변화와 더불어, 호르몬 분비량이 크게 변동함에 따라서 감정도 급변하곤 한다. 갑작스럽게 기분이나 감정이 바뀌는 일이 흔하며, 서로에게 성적으로 끌리는 일이 시작되곤 한다.

그림 설명

1: 소년에서 남성으로
a) 사춘기 이전의 소년: 미성숙한 생식기관을 제외하면, 전반적으로 또래 소녀와 체형이 비슷하다.
b) 10~15세 무렵의 소년: 사춘기가 시작된다. 키가 더 커지고, 생식기관이 발달하고, 털이 더 많이 나고, 목소리가 굵어진다.
c) 어른: 사춘기 이후에는 대개 키가 더 크고 근육이 더 발달하며, 생식기관이 완전히 발달한다.

2: 소녀에서 여성으로
a) 사춘기 이전의 소녀: 미성숙한 생식기관을 제외하면, 전반적으로 또래 소년과 체형이 비슷하다.
b) 10~15세 무렵의 소녀: 사춘기 때 소녀는 키가 더 커지고, 가슴이 발달하기 시작한다. 여성의 생식기관도 발달하며, 월경이 시작된다. 털도 더 많아지고, 체형이 예전보다 둥그스름해진다.
c) 어른: 사춘기 이후에는 가슴과 생식기관이 완전히 발달하여, 아기를 낳을 수 있다. 일반적으로 여성은 남성보다 몸의 윤곽이 더 부드럽고 더 둥그스름하다.

내분비계와 생식계

남성 생식계

한 해에 약 1억 2,500만 명의 아기가 태어난다. 번식, 또는 생식은 인류를 존속시키는 자연의 방식이며, 개인이 유전자를 다음 세대로 전달하는 방식이다. 생식은 성교를 통해 남성의 생식세포(정자)와 여성의 생식세포(난자)가 결합할 때 이루어진다. 이 두 세포는 새로운 생명의 출발점이다.

남성의 생식계가 주로 하는 일은 정자를 만드는 것이다. 남성이 사춘기에 다다르면, 성호르몬이 혈액으로 왈칵 분비되고 정소로 전달되어 정자 생산을 촉발한다. 정자는 매일 수억 마리씩 생산된다. 성교 때 정자는 정소에서 분비되어 요도라는 가느다란 관을 통해 음경 끝에 다다른다. 그 과정에서 정자는 다른 액체들과 섞여서 정액이 된다. 그런 뒤 정액은 사정을 통해 빠르게 배출된다.

정자는 정상 체온인 섭씨 37도보다 몇 도 낮은 온도에서 잘 만들어지므로, 정소는 몸 바깥으로 튀어나온 음낭이라는 피부 주머니에 들어 있다. 정소가 너무 차가우면, 근육이 정소를 몸 가까이 당겨서 데운다. 정자는 너무 작아서 현미경으로 봐야 보이며, 인체에서 가장 작은 세포에 속한다. 정자는 작은 올챙이처럼 생겼다. 모든 유전정보(세포에 무엇을 하고 무엇이 될지를 알려 주는 명령문)는 머리에 들어 있고, 꼬리는 헤엄치는 데 쓰인다. 난자를 수정시키려면, 정자는 여성 생식계 안으로 20~30센티미터가량 헤엄쳐야 들어가야 한다. 사람이 10킬로미터, 즉 수영장 200개만큼의 거리를 헤엄치는 것과 비슷하다. 정자의 머리와 꼬리 사이에는 미토콘드리아가 잔뜩 들어 있다. 이 미토콘드리아들은 축전지 역할을 하여 이 긴 여행에 필요한 에너지를 제공한다. 또 정액에는 에너지 생산에 필요한 영양소가 풍부하다. 정자는 한번에 3억 마리까지 분출될 수 있지만, 난자에 가장 먼저 도달한 정자만이 난자를 뚫고 들어간다. 그 즉시 난자에 화학 반응이 일어나서 다른 정자가 들어오지 못하게 막는다.

그림 설명

1: 정소
정자는 두 정소에서 정세관이라는 수천 개의 작은 관에서 생산된다. 정소는 음낭이라는 피부 주머니 안에 들어 있다.

2: 부고환과 정관
이 관들은 정소를 (소변을 몸 밖으로 배출하는 통로이기도 한) 요도와 연결한다. 정소에서 만들어진 정자를 음경 끝으로 보내는 통로이다.

3: 정낭
두 개의 정낭은 정자에 영양을 제공하는 액체를 만든다. 여기에서 전립샘에서 생산되는 액체가 더해져 정액이 된다.

4: 요도
긴 관으로서 음경 안을 지나가며, 정자가 들어 있는 정액(그리고 소변)이 몸 밖으로 배출되는 통로다.

5: 음경
대개 음경은 부드러우며, 해면 조직으로 이루어져 있다. 성교 때에는 해면 조직에 피가 가득 채워지면서 빳빳해진다. 그래서 여성의 질로 집어넣어서 정자를 뿜어내기가 쉬워진다.

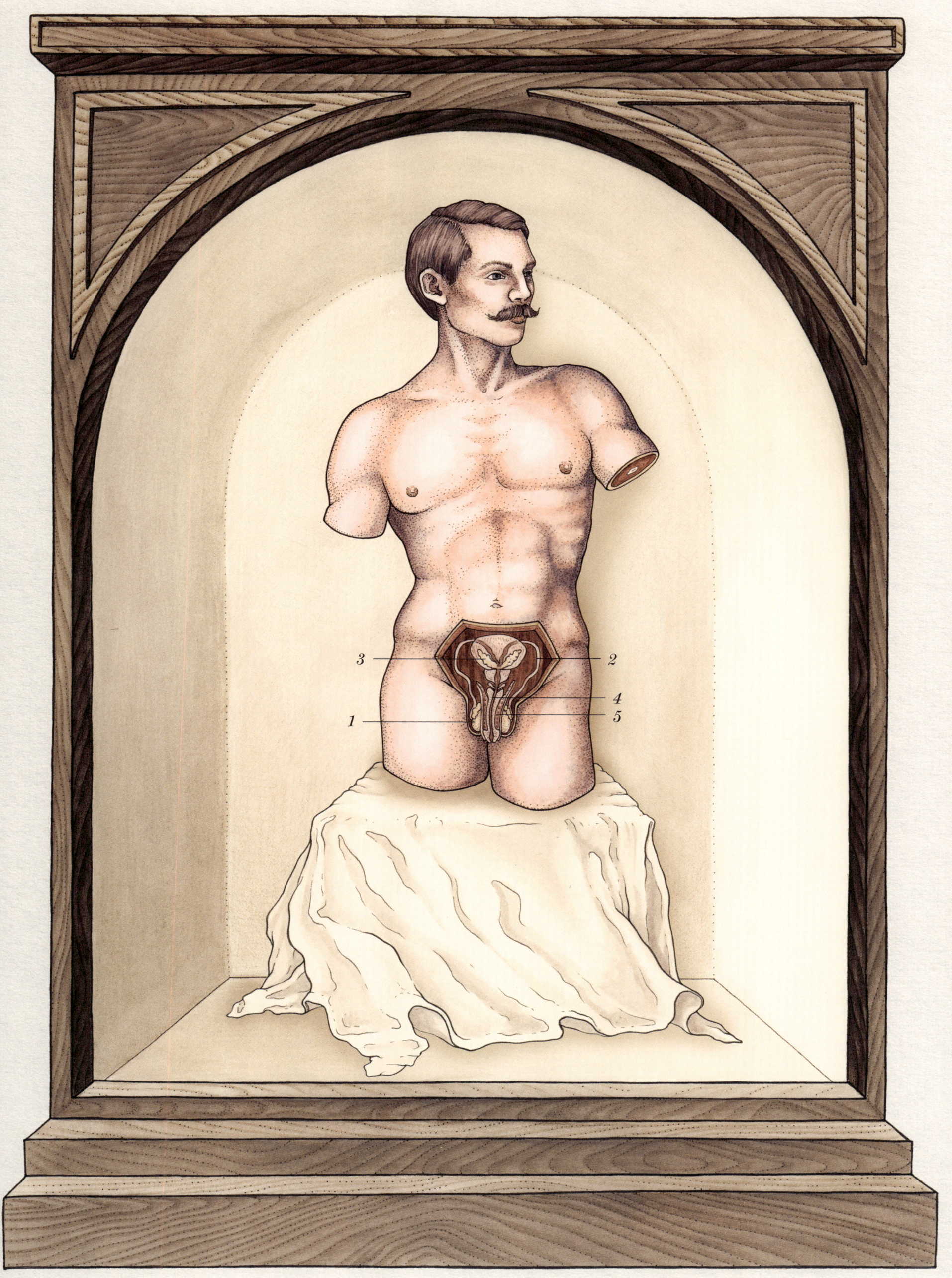

내분비계와 생식계

여성 생식계

여성 생식계의 역할은 여성 생식세포인 난자를 생산하는 것이다. 또 난자가 정자를 통해 수정되면 자라는 태아를 보호하고 영양분을 공급하는 일도 한다. 여아는 평생 쓸 난자를 다 지닌 채 태어난다. 난자는 살면서 더 만들어지는 것이 아니다. 태어날 때는 수백만 개의 미성숙한 난자를 지니지만, 실제로 수정이 가능한 성숙한 난자가 되는 것은 수백 개에 불과하다.

난소는 골반 안에 들어 있는 두 개의 작고 둥근 기관이다. 지름이 약 4~5센티미터다. 난자뿐 아니라, 여성 호르몬인 에스트로겐과 프로게스테론도 생산한다. 여성이 사춘기에 들어서면, 난자가 한 달에 하나씩 배출되면서 월경 주기가 시작된다. 먼저, 배출된 난자는 자궁관(난관)의 끝에 있는 난소술이라는 손가락처럼 생긴 돌기에 붙들린다. 자궁관은 난소와 자궁을 잇는 긴 근육질 통로다. 자궁관에서 난자는 정자를 만나 수정될 수도 있다. 난자는 자궁관을 끝까지 지나 자궁에 다다른다. 자궁은 골반에 있는 근육질 기관이다. 난자가 수정되었다면, 때맞추어 부풀어 오른 자궁내막에 박혀서 자라기 시작할 것이다. 이 일이 시작될 때, 특수한 호르몬들이 임신했음을 몸에 알리고, 난자가 태아로 자라도록 성장을 지탱할 호르몬들이 분비된다. 난자가 수정되지 않으면, 부풀었던 자궁내막은 떨어져 나간다. 그렇게 피가 나는 현상이 바로 월경(생리)이다. 생리가 시작되면 임신하지 않았다는 뜻이다.

자궁은 대개 길이가 약 7센티미터로 서양배만 하다. 임신 중에는 수박만 하게 커져서 태아가 충분히 자랄 수 있다. 민무늬근으로 이루어진 자궁의 벽은 출산 때 강하게 수축하면서 아기를 질 밖으로 밀어낸다. 질은 정자가 몸으로 들어오는 통로이기도 하다. 성교 때 음경이 들어오는 곳이기 때문이다.

---------- 그림 설명 ----------

1: 난소
두 개의 난소는 여성의 자궁에 있으며, 난자(여성의 생식세포)를 만든다.

2: 자궁관
두 자궁관은 자궁과 연결되어 있고, 난소에서 배출된 난자가 지나가는 통로다. 난자와 정자의 수정은 대개 자궁관에서 이루어진다.

3: 자궁
골반 안에 있는 작은 근육질 기관으로, 수정란이 자리를 잡고서 아기로 발달하는 곳이다.

4: 자궁목
질과 자궁의 경계

5: 질
질은 근육질 통로로서, 자궁을 여성 생식기관의 바깥 부분과 연결한다.

그림에는 없지만, 바깥생식기관(음부)에는 음순과 음핵(클리토리스)이 포함된다.
질은 성교(남성과 여성이 성교할 때 남성의 음경은 질로 정자를 사정한다), 월경(생리), 출산의 통로다.

6: 젖가슴
유방이라고도 하는 여성의 젖가슴은 주로 지방 조직으로 되어 있지만, 아기를 낳았을 때 젖을 만드는 특수한 조직도 들어 있다. 신생아에게 먹일 젖을 만드는 곳이다.

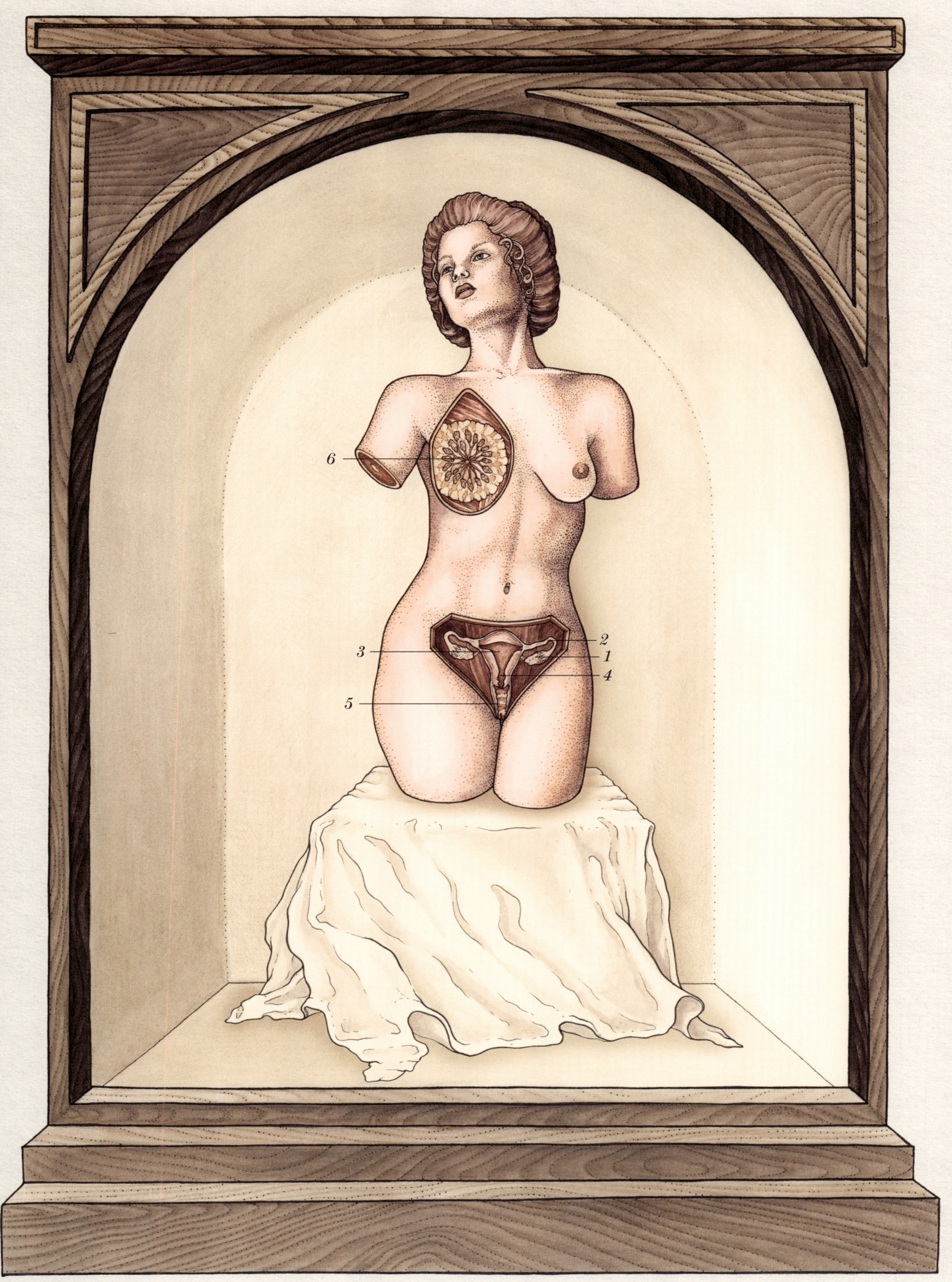

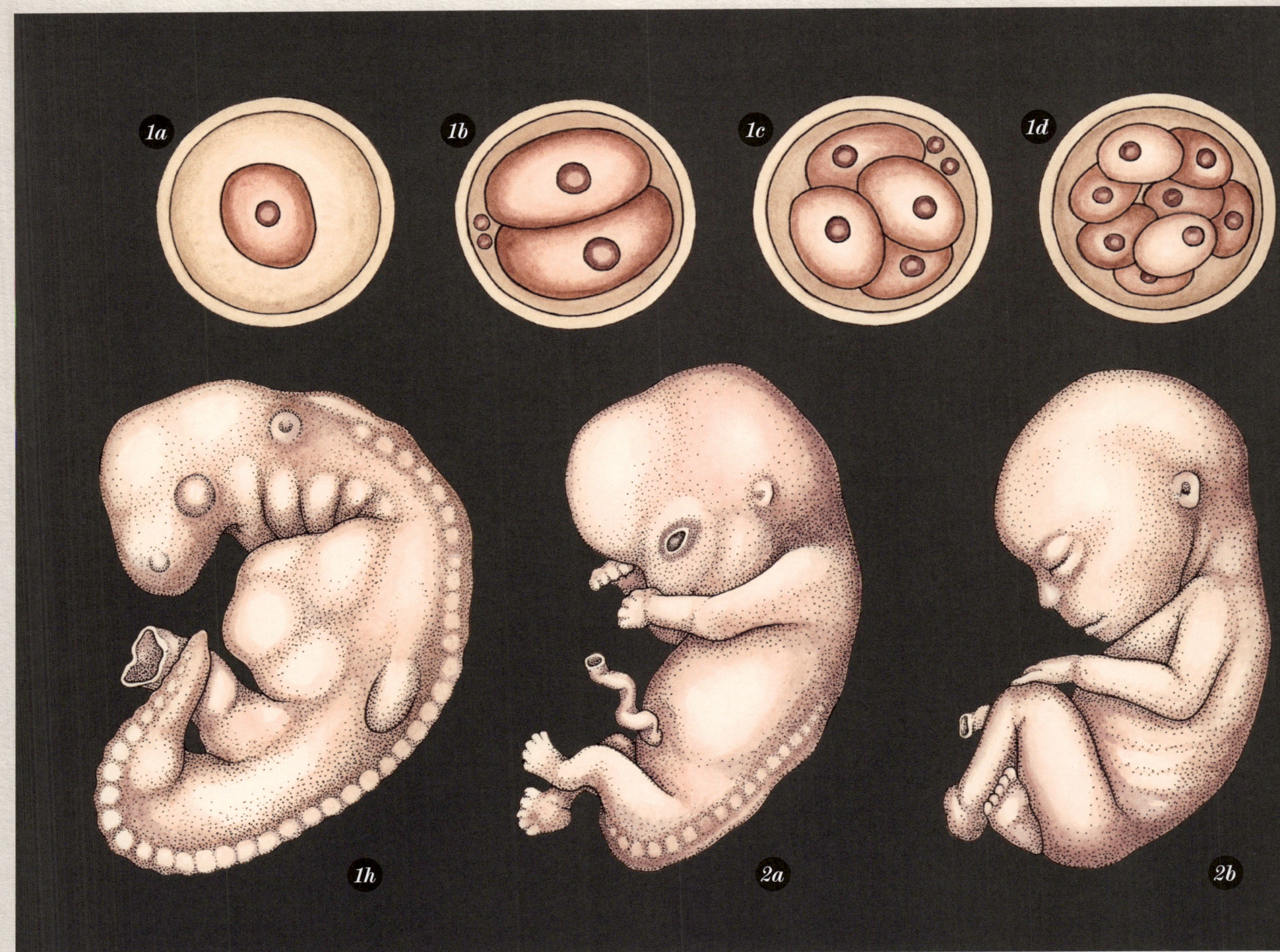

내분비계와 생식계

아기의 발달

사람의 생애는 남성의 생식세포(정자)가 여성의 생식세포(난자)와 합쳐지면서 시작된다. 정자와 난자가 합쳐지는 수정이라는 이 과정은 대개 난자가 난소에서 배출된 지 하루쯤 뒤에 여성의 자궁관에서 이루어진다. 정자가 난자로 파고들면, 모계와 부계의 유전 정보가 결합되면서 새롭고 독특한 사람으로 자랄 수정란이 생긴다.

수정된 난자는 수정란이라고 하며, 곧 세포 두 개로 나뉜다. 이어서 계속 나뉘면서 여러 세포들로 이루어진 공처럼 된다. 이 공은 자궁의 내막에 착상된다. 안전하고 확실하게 자리를 잡는다. 임신 기간 동안 태아는 양수가 든 주머니 안에 들어 있다. 양수는 태아를 보호한다. 영양소와 산소는 태반을 통해 모체에서 태아에게로 들어간다. 이 둥근 기관은 임신 때 자궁에 형성되어 긴 탯줄을 통해 엄마와 아기를 연결하고, 아기가 자라는 것을 돕는 호르몬(88쪽 참조)을 생산한다. 출산한 뒤 탯줄을 자르고 나면, 아기와 탯줄이 붙었던 자리는 배꼽이라는 흔적만 남는다.

수정된 지 6주째에 태아는 사과 씨만 하게 자라며, 팔다리, 뇌와 눈이 생기기 시작한다. 8주째에는 강낭콩

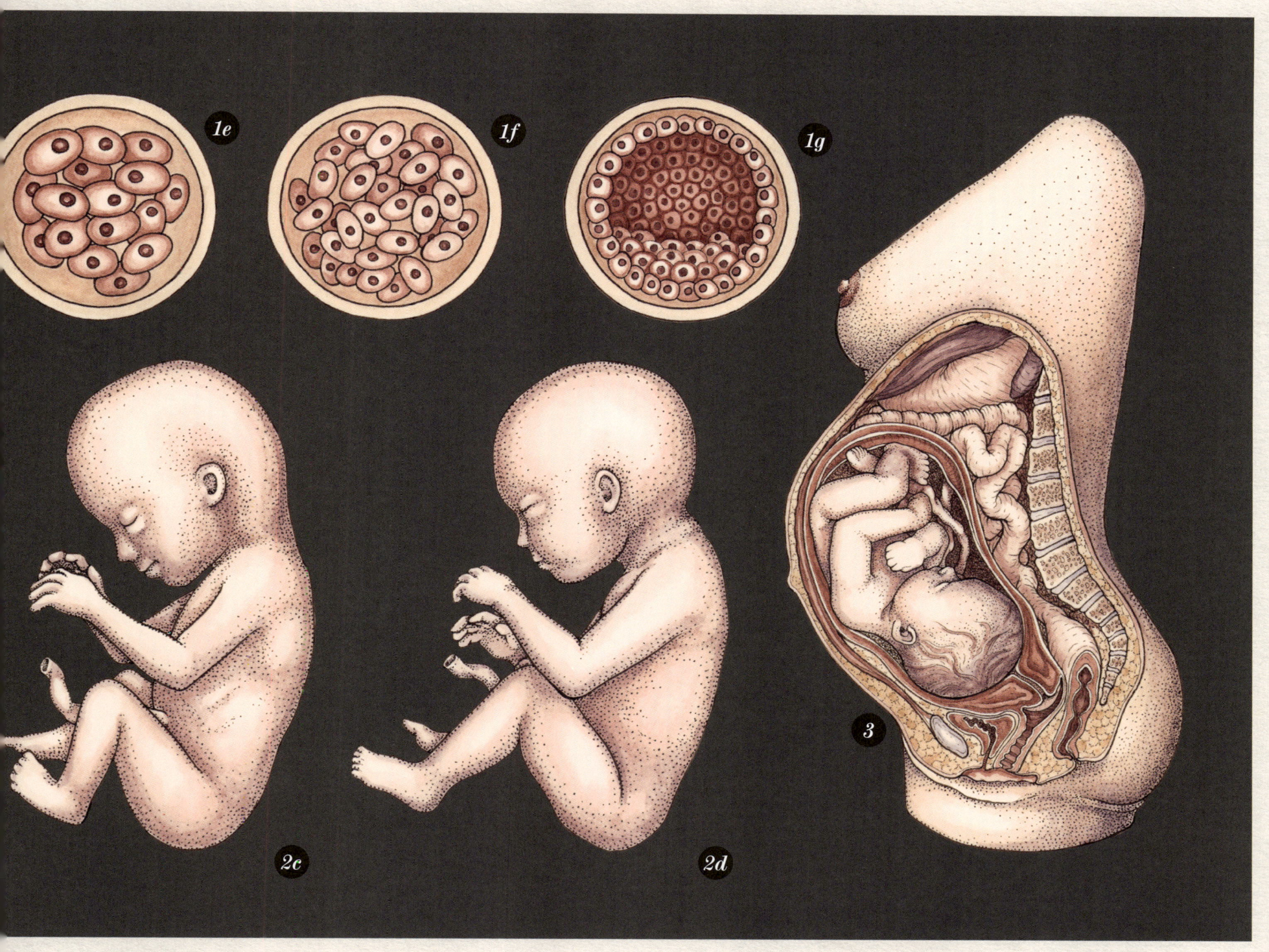

만 한 크기이며, 빠르게 자라면서 모든 주요 신체 기관들이 형성되기 시작한 상태다. 20주 무렵에는 바깥 소리를 듣기 시작하며, 엄마는 자궁 안에서 움직이는 아기의 태동을 느낄 수 있다. 임신 기간은 평균 40주이지만, 37주~42주까지는 정상이다. 아기가 태어날 준비가 되면, 엄마의 자궁은 근육이 수축하면서 아기를 질로 밀어낼 준비를 한다. 이 수축은 점점 더 세지고 규칙적으로 빨라지면서, 아기가 태어날 때까지 계속된다.

그림 설명

1: 배아 발달

a) 수정란(접합자): 수정란은 분열하여 더 많은 세포를 만들면서 배아를 형성한다.

b) 2세포기

c) 4세포기

d) 8세포기

e) 16세포기

f) 32세포기

g) 64세포기(주머니배): 5~6일째에 수정란은 64개의 세포로 이루어진 상태이며, 자궁 안에 착상할 준비가 되어 있다.

h) 4주 말기: 배아가 형성되기 시작한 상태이며, 머리와 팔다리가 생기기 시작한다.

2: 태아 발달

이제 태아라고 불리우는 단계로, 발달하는 아기는 주요 신체 기관을 다 지니고 있으며, 크기가 커지기 시작한다.

a) 9주 (길이 2.5cm)

b) 12주 (길이 5cm)

c) 15주 (길이 10cm)

d) 25주 (길이 34cm)

3: 출산

38~40주에 이르면, 아기는 다 자라서 태어날 준비를 한다. 자궁이 강하게 수축하면서 아기를 질관으로 밀어낸다.

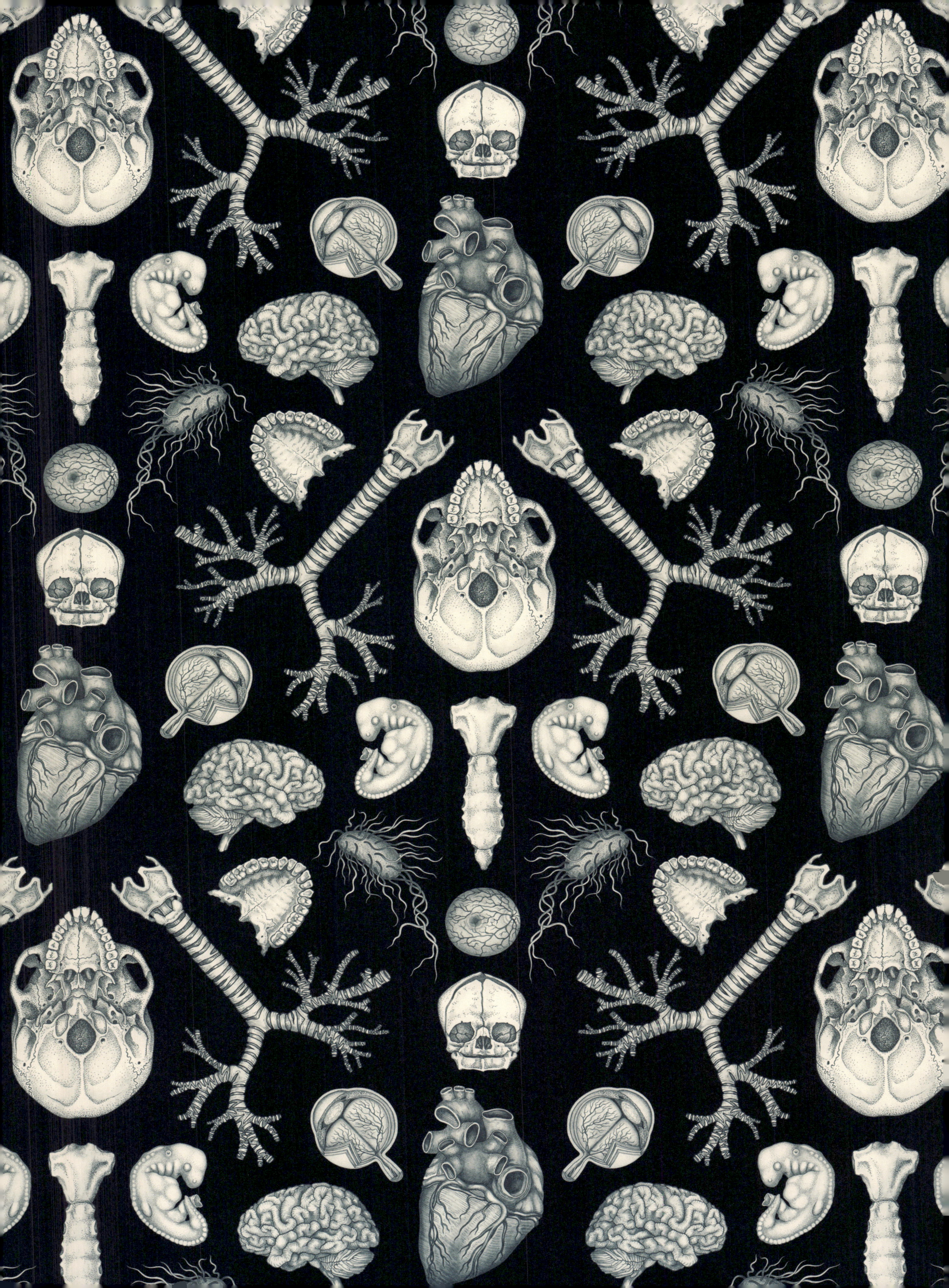

인체 박물관

자료실

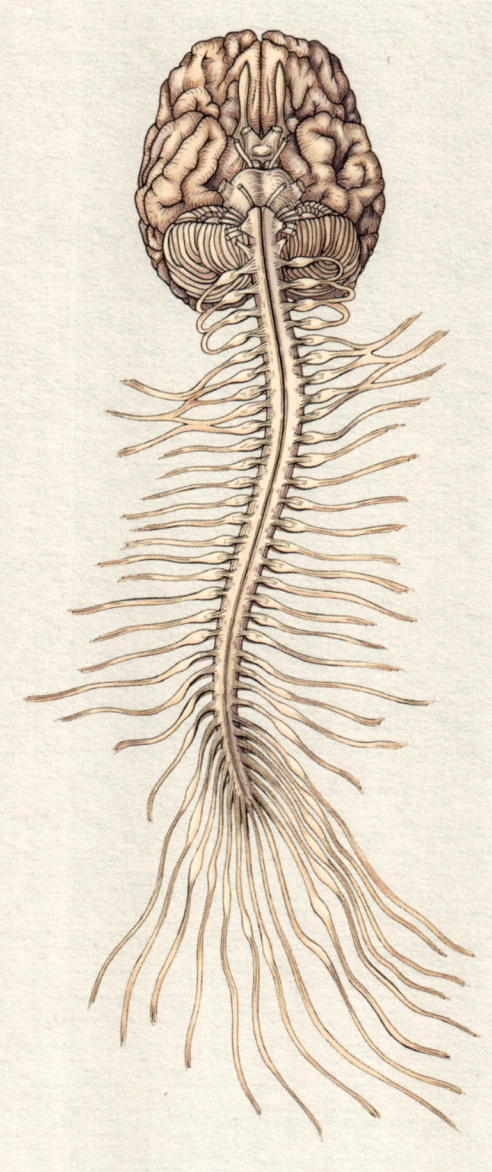

찾아보기

인체 박물관의 큐레이터들

찾아보기

가로막	36	기관(숨관)	28, 34, 36, 42	맘대로근(수의근)	20	상피층	48
가슴관	76	기관(장기)	3, 5	맛봉오리	70	샘창자(십이지장)	46, 48, 52
가슴막	36	기관지	34, 36	망막	66	생리(월경)	88
가슴샘	76, 82			머리뼈	10, 12~13, 14, 24, 44	생식계	86~89
가슴우리	36	꿈틀 운동	20, 48			남성 생식계	84, 86~87
가지돌기	64	난소	82, 84, 88, 90	멜라닌	72	여성 생식계	84, 88~89
각막	66	난자	84, 86, 88, 90	면역	78	생식세포	86, 88, 90
간	40, 48, 50~51	날문 조임근	46	면역계	32, 74~79	성교	86, 88
간문맥계	51	내분비	52	모세혈관	32, 36, 76	성대	34
갈비뼈	8, 10, 14	내분비계	52, 82~85	무릎 관절	16	성장 호르몬	84
감각 수용기	73	냄새	70	무릎뼈	8, 10, 16	성호르몬	82, 84, 86, 88
감각 신경세포	64	넙다리뼈	8, 10	미생물	78	세균	46, 70, 76, 78
갑상샘	82	네갈래근	18	미즙	46, 48, 52	세기관지	36
겉질(대뇌 겉질)	62	뇌	8, 12, 20, 60, 62, 64, 68~70, 82	미토콘드리아	86	세동맥	32, 36
겉질(콩팥 겉질)	56					세정맥	32, 36
계통(계)	3, 5	뇌줄기	62	바깥귀	68, 69	세포	2, 5, 20, 28, 32, 78, 82
고막	68, 69	뇌하수체	82, 84	바이러스	76, 78		
곧은창자	40, 48	눈	24, 64, 66~67	반고리관	69	세포 분열	90, 91
골격계	8~17	눈동자	66, 82	반사 반응	64	소뇌	62
참고: 관절, 머리뼈, 뼈, 연결 조직		눈물	66	발	10	소름	73
골반	8, 14			방광	20, 54, 56	소변	20, 50, 54, 56
골수	10, 32, 78	다발 경화증	64	배꼽	90	소화계	38~57
골절	10	달팽이관	68, 69	백신	78	참고: 간, 비뇨계, 소화관, 쓸개, 입, 창자, 콩팥	
관절	8, 10, 12, 14~15, 16	당뇨병	52, 82	백혈구	32, 76, 78		
		대뇌	62	수	78	소화관	18, 20, 40, 42, 46
구강	42	대뇌 반구	62	법랑질(에나멜)	44	속눈썹	66
굴(동굴)	12	대동맥	28, 31, 32	복장뼈	10, 76	속질(치아 속질)	44
귀	16, 64, 68~69	대변	40, 48, 50, 70	봉합	12, 14	속질(콩팥 속질)	56
귓바퀴	69	대식세포	78	부고환	86	손	22~23
귓속뼈	68, 69	독소	50, 51, 54, 56	부신	56, 82	손가락	22, 73
근골격계	6~30	돌창자	8, 48	비뇨계	20, 54~57	솔방울샘	82
참고: 근육, 뼈		동맥	28, 32, 54, 56	비피더스균	78	송곳니	44
근섬유	20, 46	두 발 보행	22	빈창자	48	수정	88, 90
근육	16, 18~25, 64, 66	두갈래근	18, 20	뼈	8~9, 10~11, 14, 16, 20, 22	수정란	90
민무늬근	18, 20, 32, 46, 54, 88	땀샘	73			수정체	66
				뼈대근	18, 20	숨길	34~35
뼈대근	18, 20	림프	76	뼈 속질 공간	44	숫구멍	12
손	22~23	림프계	74~79			시냅스	64
수축	16, 18, 20, 48, 86, 91	림프구	76, 78, 82	사랑니	44	시멘트질	44
		림프샘(림프절)	76	사이막	30	시상하부	82, 84
심장근	18, 20, 30, 95			사지류 걸음걸이	22	시신경	66
얼굴 근육	24~25	마주 보는 엄지손가락	22	사춘기	84~85, 88	식도	40, 42, 46
접힘근과 폄근	18	막대세포와 원뿔세포	66	산소	28, 32, 34, 36, 90	신경	12, 20, 44, 60, 64, 73
근육 조직	5, 20~21	말이집	64	상아질	44		
글루카곤	52	말초신경계	60, 64~65	상피 조직	5	신경 말단	64, 73

신경 조직	5	음경	86, 88	착상	90	항문	40, 48
신경계	20, 58~73	음낭	86	창자	48~49	항체	76, 78
참고: 말초신경계, 중추신경계		음식 덩이	42, 54	척수	8, 10, 12, 20, 60, 62, 64	항체	78
신경세포(뉴런)	64	이(치아)	14, 42, 44~45			허파(폐)	8, 28, 34, 36~37
심방	30, 31	이마엽	62	척주	8, 10	허파꽈리(폐포)	36
심실	30, 31	이산화탄소	28, 32, 36	척추뼈	8, 10, 14	헤모글로빈	32
심장	8, 20, 28, 30~31, 36	이자	32, 76	촉각 감지기	72, 73	혀	42, 70~71
		이자(췌장)	40, 48, 52~53, 82	축삭(신경돌기)	64	혀유두	70
심장근	18, 20, 30	인대	14, 16	치아 속질	44	혈관	20, 28, 31, 32, 44, 64
심장 박동	30, 31, 82	인두	34, 40, 42	침	40, 42		
심장 판막	31	인슐린	52, 82	침샘	42	혈소판	32
심혈관계	28~29	임신	14, 88, 90~91			혈장	32
참고: 동맥, 모세혈관, 심장, 정맥, 피, 혈관		입	24, 28, 40, 42, 44	코	28, 34, 70~71	호르몬	40, 52, 56, 82, 84, 85, 86, 88, 90
		입둘레근	24	코안	34, 70		
싸움-도피 반응	82			콧구멍	34	호흡	28, 36, 62, 64
쓸개	40, 48, 50, 52~53	자궁	88, 90, 91	콩팥(신장)	50, 54, 56~57	호흡계	28~29, 62
쓸갯돌	52	자궁관(난관)	88, 90	콩팥단위(네프론)	56	참고: 기관(숨관), 숨길, 허파	
쓸개즙(담즙)	50, 51, 52	자궁목	88	큰창자	40, 48	홍채	66
		자율 신경세포	64			효소	40, 42, 48
아교질(콜라겐)	10, 16	작은어금니	44	태반	90	후각신경	70
아기	12, 44, 70, 90~91	작은창자	40, 46, 48, 50	태아 발달	90~91	후두	34
아드레날린	56, 82	장기 이식	56	탯줄	90	후두 융기	34
아미노산	40	적혈구	32, 78	턱	12, 44	후두덮개	34, 42
아킬레스 힘줄	16	점액	34, 46	털	54, 68, 69, 72, 73, 82, 84, 85	힘줄	10, 16, 18, 22
앞니	44	접합자	90, 91				
양수	90	정강뼈	8, 11	테스토스테론	82, 84	DNA(데옥시리보 핵산) 5	
어금니	44	정낭	86	투석	56		
에너지	28, 40, 50, 62, 86	정맥	28, 31, 32, 54, 56				
에스트로겐	82, 84, 88	정맥계	28	판막	31, 32		
연결 조직	5, 16~17	정소	82, 86	팽대	48		
연골	12, 14, 16, 34, 68	정맥 판막	32	편도	76		
영구치	44	정액	86	포도당	40		
외분비	52	정자	84, 86, 88, 90	표피	72		
요관	54, 56	젖가슴	85, 88	프로게스테론	88		
요도	54, 86	젖니	44	피(혈액)	32~33, 54, 56, 76, 82		
요소	54	제대로근(불수의근)	20				
운동 신경세포	64	조임근	46, 54	산소	28, 30, 51		
월경 주기	85, 88	조직	2, 5	순환	20, 28, 30, 32, 50~51		
위액	46	주름(점막)	46, 48				
위장(위)	20, 40, 46~47	중추신경계	60, 62~63	피부	72~73		
유리체액	66	지라	76	피부계	72		
유산균	78	진피	72, 73	피부기름샘	73		
유전 정보	86, 90	질	88	피부밑조직	73		
윤활액	14	질병과 방어	32, 78~79	피부세포	72		
융모	48	참고: 림프계, 면역계					

인체 박물관의 큐레이터들

케이티 위더먼은 미국 필라델피아에서 활동하는 일러스트레이터입니다. 과학 분야, 특히 사람과 동물의 해부 구조를 즐겨 그리고 있습니다. 역사적으로 위대한 해부 삽화가들에게 영감을 받아서, 고전 과학 삽화의 미학을 현대적인 시각에서 해석하려고 노력하고 있습니다. 잉크와 수채 물감을 이용한 전통 기법으로 과학 지식을 사실적으로 표현하고, 우리의 생물학적 모습의 아름다움과 복잡성을 드러내는 일을 하고 있습니다. 로드아일랜드 디자인 스쿨에서 일러스트레이션을 전공하고, 에든버러 예술 대학에서 일러스트레이션 석사 학위를 받았습니다.

제니퍼 Z 팩스턴은 영국 에든버러 대학교 해부학과의 조교수입니다. 의학과 과학을 배우는 학생들에게 해부학을 가르치면서, 다치거나 병든 환자에게 이식할 새로운 근골격계 조직을 만드는 방법을 연구하는 팩스턴 조직 공학 연구실의 연구 책임자로 일하고 있습니다. 또한 뛰어난 과학 커뮤니케이터로서, 웰컴 트러스트에서 주최한 「나는 과학자다」 경연 대회에서 두 번 우승했습니다(2013, 2018년). 해부학과 조직 공학을 대중에게 널리 알리는 일에 푹 빠져 있으며, 현재 초등학교와 협력하여 더 많은 아이들에게 인체의 신비를 소개하는 일에도 힘쓰고 있습니다

옮긴이 **이한음**은 서울대학교에서 생물학을 공부했고, 과학 전문 번역가로 일하고 있습니다. 옮긴 책으로 『동물 박물관』, 『식물 박물관』, 『바다 박물관』 등이 있습니다.

내 책상 위 자연사 박물관

인체 박물관

1판 1쇄 찍음—2020년 8월 10일, 1판 2쇄 펴냄—2021년 10월 15일

그린이 케이티 위더먼 글쓴이 제니퍼 Z 팩스턴 옮긴이 이한음
펴낸이 박상희 편집주간 박지은 편집 김지호 한국어판 디자인 시다현
펴낸곳 (주)비룡소 출판등록 1994. 3. 17.(제16-849호)
주소 06027 서울시 강남구 도산대로1길 62 강남출판문화센터 4층
전화 영업 02)515-2000 팩스 02)515-2007 편집 02)3443-4318,9 홈페이지 www.bir.co.kr
제품명 Welcome to the Museum 제조자명 WKT Company Limited
제조국명 홍콩 수입자명 (주)비룡소 제조년월 2020년 8월 사용연령 3세 이상

ISBN 978-89-491-5135-9 74470 / ISBN 978-89-491-5132-8(세트)

이 도서의 국립중앙도서관 출판예정도서목록(CIP)은 서지정보유통지원시스템 홈페이지(http://seoji.nl.go.kr)와 국가자료공동목록시스템(http://www.nl.go.kr/kolisnet)에서 이용하실 수 있습니다. (CIP제어번호: CIP2020027797)

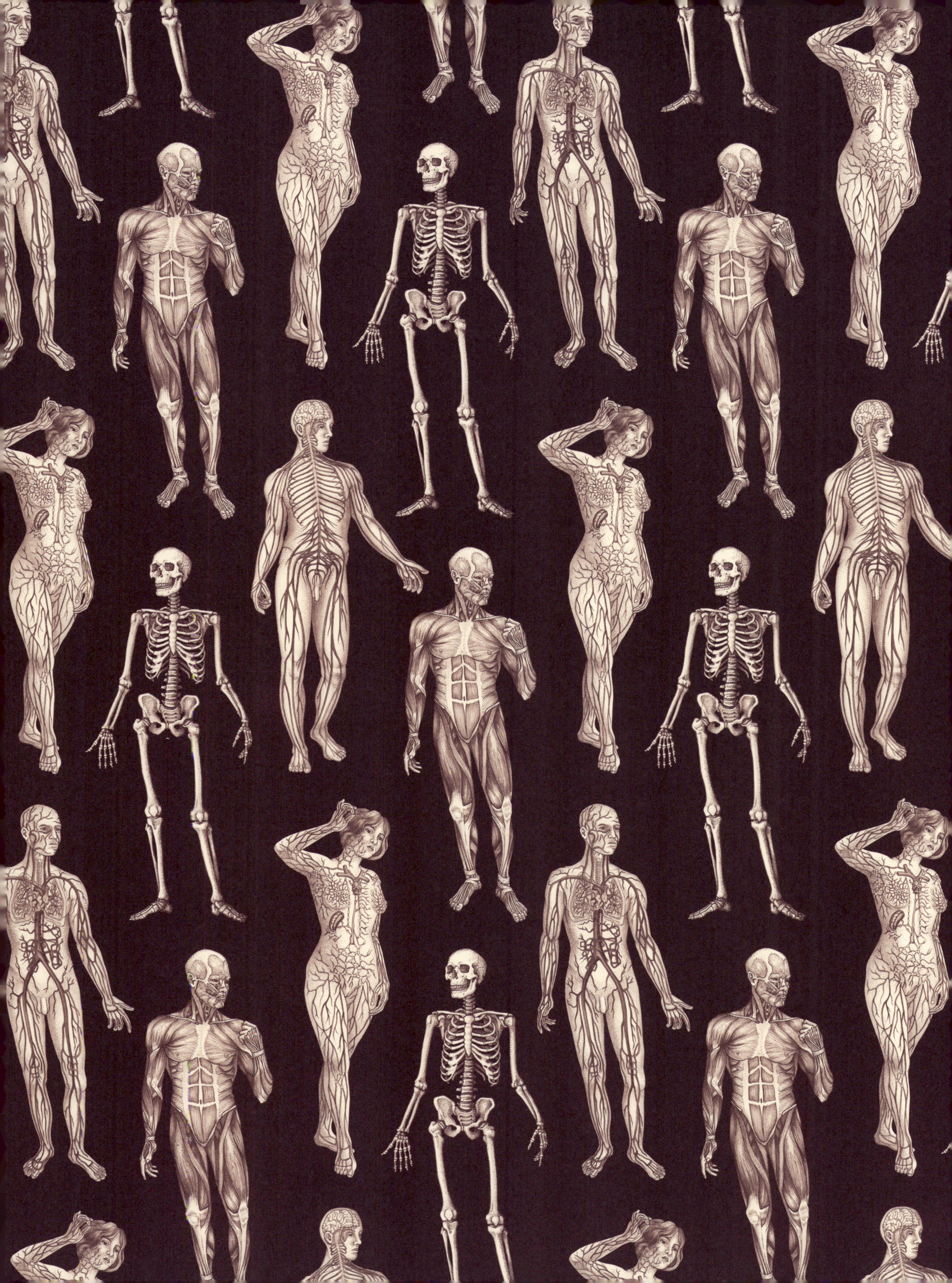

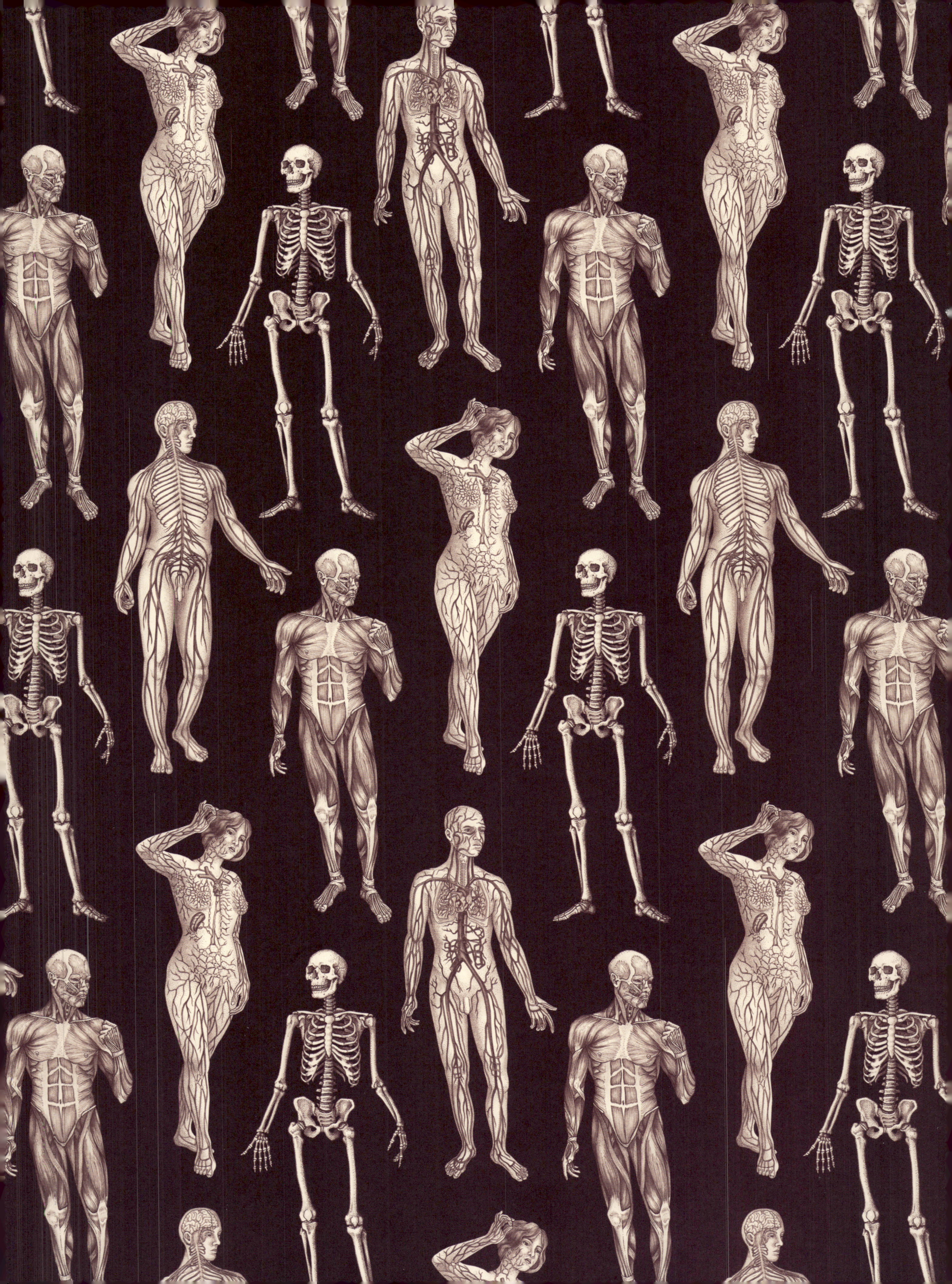